Gandhāran Buddha Art

간다라 불교미술

민희식 · 활안 한정섭 著

불교통신교육원

序言

우선 이 책을 씀에 있어 모든 교파를 초월하여 보다 고차원적인 위치에서 오랫동안 불교를 포교해오신 활안스님께 깊은 감사를 표합니다.

간다라 불교를 이해하지 못하면 우리는 한국의 불교를 알 수가 없습니다. 우리가 알고있는 불교 미술이나 불상, 불경은 간다라에서 발생하여 실크로드와 중국을 거쳐 한국에 들어왔기 때문입니다.

불교가 간다라 지방에 전해진 것은 인도의 아쇼카왕 때입니다. 그 후 인도에서는 불교가 쇠퇴하고 간다라 지방에서 크게 성하였습니다. 쿠산족은 오랫동안 페르시아의 영향 하에 있어 그들의 전통대로 그들의 신이나 조상을 모시고 국가의 어려운 일이 있을 때마다 모든 것을 그 신이나 조상에게 물어 결정하였으나, 불교를 받아들인 이래 그들은 조상들보다 영적능력이 뛰어난 부처님을 모시고 그러한 문제를 묻고자 불상을 만들었습니다. 또한 부처님은 인도에서 태어난 것이 아니고 자기 고장에서 태어났다는 연등불수기를 통해 일련의 부처님 전생이야기를 만들었습니다. 쿠산족의 카니쉬카왕은 이 일을 성취하기 위해 인도에 쳐들어가 마명을 모시고 온 것입니다. 이에 대승불교가 크게 일어나고 그 가르침은 실크로드, 중국을 거쳐 한국에 들어왔습니다.

알렉산더 대왕이 죽고 그 부하가 나라를 세운 후 인도인과 그리스인은 혼합되어 박트리아와 파르티아 두 인도-그리스계 국가가 생겨나게 됩니다. 여기에 문화의 대립이 생기고 메난드로스 왕은 그리스의 합리주의 사상으로 세계를 지배하기 위해 불교승령 나가세나 장로와 토론을 합니다. 이 토론에서 왕의 자기확립을 위한 합리주의 그리스 철학은 나가세나 장로의 무아나 공, 윤회사상에 패하여 왕은 스스로 불교도가 됩니다. 쿠산조의 카니쉬카 왕은 불교에 귀의한 후 모든 화폐에 다른 나라의 신을 새기고 이교도를 우대함으로써 당시의 혼란한 사회에 평화와 번영을 가져온 세계 역사상 유례가 없는 훌륭한 왕이었습니다.

이렇게 역사상 훌륭한 인물들이 많았음에도 불교의 가르침은 세계사에서 오랫동안 그 빛을 보지 못하였습니다. 그러나 오늘날 동서양에서 인류의 행복과 번영의 지표로서 새롭게 불교가 떠오르고 있는 것은 매우 경탄할만한 일입니다.

첫째로 뉴튼에서 아인슈타인에 이르는 현대의 서양 과학이 그 빛을 잃고 미세한 물질세계에서의 양자역학의 소입자와 파동의 문제는 불교의 공과색의 문제에 접근하는 멋진 이론으로 비견되면서 현대 과학은 불교에 접근하고 있습니다.

둘째로 프로이트의 정신분석학에서 발전해나간 서양의 심층심리학, 잠재의식의 연구 등이 융이나 여러 심리학자에 의해 주역이나 DNA연구와 결합되어 인간 내부의 잠재의식의 심층부를 파고들면서 불교의 진래에 접근하고 있습니다.

셋째로 세계적인 대과학자 스웨덴볼이 만년에 영적 탐험을 실현하여 죽음 너머의 세계에 가 지옥과 천국을 답사하고 수많은 죽은 사람들과 만나 저 세상에 대한 상세한 기록을 남긴 것이 오늘날 재평가 되면서 불교사상과 너무나 유사한 점을 보여주어 전 세계에 큰 반향을 일으키고 있습니다.

넷째로 티벳인이 주최한 '히말라야 페스티발'이 열리는 프랑스 부르고뉴 지역은 매년 많은 관광객들을 불러모으고 있습니다. 이 축제에서는 유럽인과 동양인 수백명이 모여 공동으로 생활하게 되는데, 서구인들의 놀랄만한 불교에 대한 관심은 나의 마음을 사로잡았습니다.

다섯번째로 일본에는 수많은 불교종파가 있지만 현재 1500만에 가까운 신자를 보유한 오가와 · 류호(大川隆法) 교주의 '행복의 과학'의 움직임이 우리의 관심을 끌고 있습니다. 그는 200권이 넘는 저서를 통하여 인류의 과거와 미래를 성찰하고 현실적인 삶의 지침을 제시하고 영세계에 있는 위인들과 대화하며 현대의 인류문제를 해결하고자 노력하고 있습니다. 외계인에 대한 정보까지 있어 불교를 매우 폭넓은 관점에서 고찰하며 이 세상과 저 세상을 연결하는 인류의 행복을 깊이 모색하고 있습니다. '행복의 과학'은 세계 150여개국에 신자가 있고 브라질과 인도에 특히 많은 신자들이 있습니다.

이러한 세계적인 불교의 움직임에 관심을 가지고 마음의 문을 열고 상호간에 정보를 교환하여 불교의 폭을 넓혀야 할 때가 온 것입니다. 동시에 기독교와도 손잡고 함께 인류가 이 세상에서 평화롭고 행복하게 함께 살 수 있는 세계를 만드는 것이 우리의 사명이라고 생각합니다. 불교 내의 합리적이고 논리적인 사상이나 관대한 철학들을 보면 불교는 서양 사회에서 점점 잊혀져 가던 많은 가치들에 초점을 맞추고 있음을 알 수 있습니다. 모든 중생이 고통에서 벗어나는 방법을 가르쳐 주는 "중도(中道)"는 현대적이며 진보적인 영적 세계를 추구하는 사람들을 인도할 것입니다.

이 책은 2014년 음력 4월 8일 부처님 탄생일을 기념하여 만들어진 것으로 한국 불교에 대한 새로운 이해를 돕고 간다라 관광 안내의 지표로서 쓰여지길 희망하며 이만 말을 맺습니다.

저자 민 희 식

推薦辭

I am indeed delighted to know that Professor Min Hee-Sik Korean researcher have just completed Book on Gandhara which well be available to public.

Pakistan an ancient land is a cradle of two widely known civilisations of Indus Valley and Gandhara and its heritage is preserved in the form of numerous sites and monuments scattered all over the country.

Gandhara Art which flourished in Peshawar Valley in fact, depicts the Buddhist legends which become very popular in the Kushan period dated to the first century AD, was greatly influenced by the Graeco-Roman Art. Such foreign ideas added distinction to the rich cultural heritage of Pakistan which is the source of attraction for the scholars as well as the tourists.

Gandhara, which is situated in the north-west of Pakistan is the name of charming region endowed with glittering waters gushing from the snow capped mountains bounded with flowery landscape and fruits laden gardens. It is a beautiful region of splendid past and has a significant place in the annals of history.

In historical literature, Gandhara is first mentioned as part of the Achaemenian empire in the time of Cyrus-I(558-28 BC). It remained under Persian domination until it was conquered by Alexander in 326 BC. In the succeeding years the Mauryans took hold of the region after the departure of the Macedonians, Ashoka the most outstanding figure had influence the history of Gandhara region in the form of his rock edicts preserved in Shahbaz Garhi and Mansehra containing the ethics of Buddhism for benefit of the people. This area was the Kushans became the Master of the land in 1st century AD. the imfortance of Buddhism reached its zenith in the region of Kanishka.

During this period, a good number of stupa and monasteries were erected in the whole region of Gandhara.

Later on the White Huns devastated the Buddhist monasteries in the 5th century AD and this fact was recorded by the Chinese pilgrims who visited Buddhis in 4th, 6th, and 7th centuries AD.

A popular book on the history. religion, and art of Gandhara was a long felt need in Korean which has very ably done by propessor Min Hee-Sik.

I am indeed very happy to see that propessor Min Hee-Sik have excellently accomplished the task. I greatly appreciate the work which is a primary source of information for the scholars and students. I hope that the researcher and the common people interested in the rich cultural heritage of Gandhara, will be extremely benefited by this valuable publication. It is a very useful effort to introduce Gandhara Art of Pakistan among the Korean people most of whom are followers of Buddhism.

I congratulate propessor Min Hee-Sik for this commendable work.

MUSHAHID HUSSAIN SYED
Ex-Minister for Information, Culture, Sports, Tourism and Youth Affairs
Goverment of Pakistan

Yours sincerely,

目次

간다라의 문화와 역사

간다라의 문화와 역사

1. 서언

간다라불교의 이해 없이는 한국불교를 알 수 없다. 간다라 불교가 한국불교의 고향이기 때문이다. 간다라 지방에서 대승불교가 일어났고 불상이 처음으로 만들어졌으며 불교예술이 새롭게 발달하였기 때문이다.

필자는 1959년 프랑스에 유학갈 당시 간다라예술에 현혹되어 연구를 시작하게 되었는데, 해외에 반출, 전시되어 있는 불교문화유산은 파리의 규메(Guimet) 동양박물관에 5천여 점, 영국 대영박물관에 1만여 점 등이 있다고 알려져 있으며, 그 외에도 세계 여러 박물관에 수없이 많은 간다라의 불교문화유산이 흩어져 전시되고 있다.

이번 간다라 불교문화유산에 관한 안내서를 내게 된 것은 수 차례에 걸쳐 파키스탄 문화부장관의 초청에 의해 현지답사를 자세하게 할 수 있었던 결과이다.

인도에서는 인간이 계속 생로병사를 되풀이한다는 윤회사상이 강했고, 우주 생성의 일부로서 중생의 삶도 쉬지 않고 변하기 때문에 인간은 생로병사에서 벗어날 수 없다고 생각하였다. 그 때문에 인도불교에서 중요한 것은 부처님의 가르침에 의해 깨달음을 얻는 일이 우선이지 불상을 조성하여 경배하는 것은 중요시 되지 아니했다. 그래서 인도에서는 스투파를 비롯해 부처님을 상징하는 유물을 남겼으나 부처님의 열반 후 5백여년 간은 불상이 조성되지 아니하였다. 그 당시 불교는 소승적인 요소가 강하였고 대승불교도 바라문교와 혼합되어 밀교적으로 발전되어 나갔다.

불교는 아쇼카왕 때 간다라 지방으로 유입되어 이후 2세기에 걸쳐 쿠산왕조의 카니쉬카왕(78~144년) 때 융성하였으며. 이 때 불상이 처음으로 만들어지고, 부처님 전기나 경전도 결집되면서 이를 바탕으로 수많은 불교조각이 조성되기 시작하였다.

쿠산족은 불교 이전에는 조로아스터교(拜火敎)를 믿어왔다. 이 종교는 인간이 죽은 후 천국이나 지옥에 가는 문제를 심판할 뿐 인간에게 자비를 베풀어 광명세계로 갈 수 있는 희망의 기회를 주는 것은 아니었다. 그러므로 조로아스터교 신자들은 사후세계에 대하여 매우 불안해했다.

예를 들어 그들이 모시는 빛의 신은 불교와 만나 점차 영원한 광명의 아미타불이 되었고, 모든 사람을 구하는 페르시아 사막의 물의 여신 아나히타는 자비에 넘치는 관세음보살이 되었다. 한편 태양신 마트라는 세지보살이 되어 점차 삼위일체적 사고로 불교의 아미타 삼존불로 나타나 서방정토의 부처가 되었다.

고대 중국에서는 로마에서 포도주를 수입하여 마셨는데, 포도주를 담았던 빈 원통형 질기에 약초를 담그어 인도와 페르시아에 역수출하여 팔았다. 이것을 중앙 아시아인들은 동방에 병을 고치는 부처가 있다고 생각함으로써 동방의 약사여래가 나타나게 된 것이다.

부처님의 성불을 정진의 결과라고 생각한 인도 사람과는 달리 간다라 지방에서는 과거에 많은 좋은 업을 쌓고 그 결과 여래가 된 것이라고 생각하여 붓다의 수많은 전생이야기가 생겨났으며, 이를 바탕으로 부처님 전기를 조각으로 조성하게 된 것이다.

이처럼 쿠산족은 페르시아 종교에 인도의 윤회사상을 도입하여 자신들만의 고유한 불교로 발전시켰다. 쿠산족에 있어 중요한 것은 부처님의 가르침을 따르는 일 보다는 이타행을 바탕으로 한 불교교단의 유지발전에 있었고, 여기에서 대승불교가 탄생하게 되었다. 기록에 의하면 간다라불교 전성기에는 6천여 개의 사원이 있었다고 전해지고 있다.

간다라 미술은 헬레니즘, 로마계, 이란계 유목민, 인도 등 여러 문화가 융화되어 이루어진 것이 특징이다. 그것은 특히 탁실라, 스와트, 아프가니스탄의 카불과 나가라하라 등에서 여러 고대 도시와 불교사원 유적발굴을 통해 확인되었다.

탁실라의 다르마라지카 대탑이나 스와트의 부트카라 대탑은 아쇼카와왕때 조성된 것으로 알려져있지만, 많은 탑과 절이 세워진 것은 쿠산조 이후이다. 사원은 일반적으로 탑(수트파)를 중심으로 봉헌소탑(奉獻小塔)이나 불상을 모신 사당을 주위에 배치한 탑원(塔院)과 승려들이 거주하는 승원으로 이루어졌다.

탑은 그 기초가 방형(方形)으로, 그 위에 원통형동부(圓筒形胴部)와 복발(覆鉢)을 얹은 형태로 기단(基壇)과 동부(胴部)에 부조 패널(浮彫 panel)이 끼워져 스투코(stucco)로 조성된 상을 부착하였다. 승원은 중앙 네 구석에 방실(房室)을 들여놓은 형식으로, 사원은 도시의 평지나 산 중턱에 세워졌다. 건물은 돌로 쌓은 건축물로 부분적으로 벽돌을 쓰고 그 위를 스투코로 바르기도 하였다.

조각은 석조(石彫)가 주류로, 흑청색 편암이나 녹니편암(綠泥片岩)이 많이 쓰였고, 곳에 따라서는 천매암(千枚岩)도 쓰였다. 후기에 가서는 스투코상이 많이 나타난다. 특히 탁실라 지방의 사원 유적에서 많이 볼 수 있다. 동상(銅像)도 알려져있으나 그 수는 매우 희소하다. 그 중 대탑지(大塔址)인 샤지 기데리에서 출토된 동제 카니시타왕의 사리용기는 유명하다. 사리용기 덮개에는 부처님 상을 중심으로 범천과 제석천이 조각되어 있다.

조각의 주제는 단독 부처상, 보살상 외에 판치카, 하리티(귀자모상, 鬼子母像) 등 수호신장 또는 석가 전생의 본생도나 불전도가 조각되어 있다. 부처님 전생도는 10장면 정도로 석존의 생애를 자세하게 나타내고 있으며, 여러 가지 기적 설화를 다루고 있다. 불상에는 석가모니 부처님 상이 많지만 양 협시로서 미륵보살과 관음보살을 거느린 삼존형식상(三尊形式像)도 조성하였다. 보살상에는 석가보살, 미륵보살 이외에 연화수보살로서의 관음보살도 만들어져 있다. 이러한 상들이 대승불교와 밀접한 관계를 가지고 있다.

간다라 미술의 편년(編年)은 불상 조성의 기원 문제와도 관련이 있어 많은 관심을 끌고 있다. 간다라 불교는 대

저 기원전 1세기에서 기원 6세기까지 융성했던 것으로 보며, 최초의 불상은 1세기 전반에서 중반에 이르는 사이에 조성된 것으로 보고 있다.

카니쉬카 대탑지 출토 사리기.
동. 2세기. 높이 20cm. 페샤와르박물관

2. 간다라의 역사적 · 지리적 배경

히말라야 산맥과 카라코롬 산맥 사이에서 시작되는 인더스 강은 동에서 서로 흐르다가 길기트에서 티라스 협곡을 지나 힌두쿠시 산맥을 따라 남쪽으로 내려온다. 이 강은 페샤와르 근처에서 스와트 강과 카볼 강을 만나 동쪽으로 머리를 돌려 아라비아해로 흘러 들어간다.

간다라 지역은 세 강(카볼강, 스와트강, 인더스강)이 그 중심을 지나고 북쪽으로 히말라야 산맥을 비록한 카라코롬과 힌두쿠시 산맥을 병풍처럼 동서로 둘러싸고 있는 비옥한 분지다. 이 지역을 중심으로 남동쪽으로는 고온다습한 인도가 있고, 서쪽으로는 아프가니스탄과 중앙아시아의 건조지대가 펼쳐져 있다.

기후적으로 볼 때 아라비아해를 북상하는 몬순이 인도에는 폭풍우를 가져오나 간다라 지방에는 파키스탄 서부의 스레이만 산맥에 부딪혀 오기 때문에 적당한 비를 내린다. 그러므로 인도와 같은 고온다습한 지역에 속하면서도 중앙아시아의 건조 기후대의 접점에 놓여 농사에 알맞은 기후조건을 갖추고 있다.

또한 지정학적으로 간다라는 중국 문명의 서쪽, 메소포타미아 문명에서 볼 때는 동쪽에 위치하고 있다. 인도문명권에 속하면서도 그 북쪽 끝에 위치한 지리적 관계로 일찍이 그리스와 로마와도 교류가 있어 동서양의 문화, 예술, 정치, 상업, 종교가 서로 교차하는 중심지로서 동서양의 교역에 중요한 역할을 해 왔다.

당시 간다라 지방의 풍요롭고 비옥한 땅은 경제적 번영과 문화의 발전을 이룰 수 있는 충분한 조건을 갖추게 하였다. '간다라(Gandhara)'라는 명칭이 처음 역사에 등장한 것은 기원전 5세기경 페르시아의 왕 다리우스 1세(Darius 1)의 석각비문인 '베히스툰(Behistun)'에서 이다. '베히스툰' 비문에 의하면 간다라 지역의 주민은 아케메네스(Archemenes) 왕조의 혈통이며, 페르시아의 한 속국이라고 기록되어 있다. 또한 기원전 2세기 중반에 만들어진 힌두경전 '리그 베다(Rig Veda)'에서도 간다라에 관한 흔적을 찾을 수 있다. 그리고 페르시아의 수도 수사(Susa)에 궁전을 지을 때 간다라 지방에서 목재를 실어와 지었다고 한다.

그리스 역사가 헤로도투스(Herodotus)도 "간다라 지방은 페르시아의 속국 중 가장 인구가 많은 풍요로운 지방으로서 페르시아 제국에 많은 조공을 바쳤다"고 기록하고 있다. 한편 인도의 서사시 마하바라타(Mahabharata)에는 "간다라 지방은 잔인한 사람이 사는 야만의 나라"라는 기록도 보인다.

기원전 5세기경부터 페르시아의 지배를 받아왔으므로 대부분의 고고학자들은 간다라 지방이 기원전 6세기부터 사실상 서양문화와 가까워졌다고 본다. 이어 페르시아를 정복한 알렉산더 대왕이 힌두쿠시 산맥을 넘어 간다라 지방에 들어온 이후(기원전 326년)부터 동·서양 문화의 융합현상을 볼 수 있다.

알렉산더 대왕이 대동한 한 전기작가(傳記作家)에 의하면 "이미 이 곳은 인구가 많고 풍요로운 도시이며 정치제도가 잘 정비되어 있었다. 상업과 학문의 중심지로서 특히 베다(Veda) 문학, 의학과 예술 분야의 활동이 활발했다"라고 기록하고 있다. 아울러 "가난한 소녀들이 결혼으로 시장에서 팔려 나가고 있으며, 그들이 죽으면 그냥 길가에 버려져 독수리의 먹이가 되었다"라는 기록으로 보아 당시 결혼 풍속이나 조상(鳥喪)의 풍속을 엿볼 수 있다.

이와 같이 간다라 지방은 문화와 교역의 요충지로서 지정학적인 조건과 지형적인 풍요로운 조건 때문에 주변 이민족들의 흥미를 자극하여 일찍부터 많은 이민족의 침입과 통치를 받게 되었다. 기원전 5세기경 아케메네스 왕조의 페르시아 속국에서부터 시작하여 페르시아를 정복한 알렉산더 대왕에 의한 침입(기원전 326~325)을 받았고, 알렉산더 대왕이 물러간 후에는 그리스계 민족이 아닌 인도계의 마우리아 왕조가 간다라를 지배하였다.

마우리아 왕조(기원전 321~297)는 고대 인도 최초의 통일 국가를 건설하였을 뿐만 아니라 제3대 왕인 아쇼카(Ashoka) 대왕은 당시 일개 군소종교에 불과했던 불교를 세계종교로 발전할 수 있는 계기를 만들었다.

마우리아 왕조가 멸망한 후 알렉산더 대왕의 후계자인 셀레쿠스(Selecus)가 세운 그리스계 이민족인 박트리아(Bactria, 대하(大夏))가 간다라 지방을 다스렸다. 이 박트리아 왕조의 그리스계왕 메난드로스(Menander)는 페샤와르를 정복하고 사갈라(Sagala, 현 Sialkot)를 수도로 하여 편잡(Punjab) 지방까지 다스렸다.

특히 메난드로스왕은 그리스계 왕으로서 자신의 신앙을 불교로 개종하여 적극 불교를 장려하였다. '미란다왕문경'으로 불리는 팔리어 불전은 바로 메난드로스 왕이 나가세나(Nagasena) 스님과 주고 받은 문답내용을 기록한 것이다.

그리스계인 박트리아가 간다라 지방을 지배했다는 뚜렷한 흔적은 아프가니스탄 북부의 베그람에서 발굴된 그들의 도시 '아이 하느무'에 나타나 있다. 여기서 왕궁, 행정구의 건물, 문묘, 경기장, 원형극장이 발굴되었고 청동과 석회암으로 된 조각과 동전이 발견되었다.

동전에는 39명의 그리스왕과 3명의 왕비 이름이 새겨져 있어 그리스계 헬레니즘 문화의 흔적을 뚜렷하게 확인할 수 있다. 이어서 인도-파르티안이 간다라를 지배하는데, 이는 샤카족(Sakas)으로서 중앙아시아 유목민이다. 이들은 중국의 대 흉노정책에 따라 기원전 2세기경 흉노족이 유치(Yuechi, 대월지)라는 유목민을 공격하자 아프가니스탄에 있는 샤카족을 밀었다. 샤카족은 이들에 의해 밀려나면서 박트리아를 공격, 기원전 1세기 중엽에는 마우에스 왕이 인더스강 유역까지 정복하게 된다. 이렇게 샤카족이 세력을 확장하는 과정에서 그리스계 민족인 파르티아가 다시 샤카족을 지배하고 다스리게 되었다. 파르티아의 왕은 곤도파레스(Gondophares)이며 그와 그 후계자를 인도-파르티안이라고 부른다.

파르티아에 뒤이어 간다라는 이란계의 유목민족에 의하여 다시 그 통치가 바뀌게 된다. 이들은 아프가니스탄의 동북부 산악지대인 바다후샹 지방에 살던 이란계 유목민족으로서 인도사에서는 쿠산족(Kushana)이라고 기록하고 있다. 후한서(後漢書)의 서역전에 기록된 것을 보면 쿠산족은 인도-파르티아(安息國)에서 카불(高附)을 빼앗고 간다라까지 지배하였다고 기록하고 있다.

쿠산조의 첫번째 왕 쿠자라 카드피세스(Kujala-Kadphses)는 5개의 대월지소국을 병합하여 쿠산왕국을 수립하였다(40년경). 쿠산왕조의 전성기는 제3대 카니쉬카(Kanishka, 128~151년)왕 때이다. 그는 중앙아시아에서 서북인도, 중인도에 걸친 대제국을 이룩하고 쿠산족이 본래 거점으로 삼고 있었던 박트리아, 힌두쿠시 산맥 북부인 바그란, 중인도 마트라에 왕조의 신전을 세웠다. 카니쉬카 왕은 인도를 침입한 여러 이민족 가운데 진정한 인도의 지배자로 인정되어 왔다. 그는 수도인 페샤와르를 중심으로 하여 중국 및 중앙아시아와 교역을 활기차게 추진해 나갔으며, 중국과 로마제국을 연결하는 무역의 중계교역지로서 경제적 번영을 누렸다. 카니쉬카 왕은 제2의 아쇼카 왕이라고 불릴 만큼 불교에 대한 종교적 열정을 지니고 있었으며, 적극적인 불교정책을 펼쳤다. 따라서 이 시기는 간다라 불교예술의 전성기에 해당한다.

쿠산왕조(1세기 중엽~3세기 중엽)는 카니쉬카왕의 시대를 정점으로 서서히 막을 내려 사산조(Sasanian, 기원 241~350년)인 페르시아의 아르다실 1세와 그의 아들 사불 1세의 공격을 받은 이후 멸망의 길로 접어들었다.

사산조는 박트리아와 카불까지 정복하여 알렉산더 대왕으로 인하여 무너진 아케메네스조 페르시아의 부흥을 시도하였다. 그러나 사산조는 그들의 영토를 완전히 지배하지 못하고 쿠산조와 협력하여 두 나라 전통을 절충시키며 체제를 유지하였다. 그리고 마지막으로 간다라를 지배한 민족은 쿠산조의 키다라 쿠산(Kidara-Kushan)왕조인데, 사산조가 이들에게 신하로 복종케 하였으나 반기를 들어 사산조에게서 독립하였다. 그러나 오래 가지 못하고 인도에서 일어난 굽타(Gupta) 왕조의 지배 하에 들어갔다.

5세기 초에는 중앙아시아로부터 온 에프탈(Epthelites)족과 6세기 중엽 천산산맥 북쪽 중심으로부터 세력을 펼쳐온 흉노족(White Huns)에 의해 흉폭한 침략을 받기도 하였다.

이러한 과정을 거치면서 간다라의 불교미술은 기원전 1세기에서 기원 6세기까지의 장기간에 걸쳐 여러 형태로 존속하여 번영하였다. 여러 민족들의 지배를 받으면서도 지중해 연안의 국가들과 교류가 이루어져 경제적 번영을 지속시켰기 때문이다. 여러 왕조가 바뀌는 과정에서도 간다라 유적은 그대로 유지된 채 서로 동화되고 발전하면서 보존되어 오다가 불행하게도 에프탈족과 흉노족에 의해 거의 모두가 파괴되었다.

흉노족의 미하라쿨라는 샤칼라(동부 편잡의 시알코트)에 수도를 정하고 불교에 대한 피비린내 나는 박해를 선언하고 1600여개에 이르는 사원을 약탈하고 신도를 목졸라 죽이는 야만스러움과 난폭함을 드러냈다.

520년 중국 승려 법현이 간다라 지방을 방문했을 때 "이 지방은 흉노족의 지배 하에 있었고, 수많은 불교 사원이 그대로 보존되어 있었지만 모두 이민족의 질곡 아래 신음하고 있었다"고 기록되어 있다. 그러나 기원 630년 현장스님이 이 곳을 방문햇을 때는 거의 모든 불교 유적이 파괴되어 있었고 인구도 매우 적었다고 한다. 이러한 기록으로 보아 에프탈족과 흉노족 이전의 간다라를 지배한 다른 여러 민족들은 이 지방을 속국으로 만들기 위해서 침입해 온 것이라기 보다 풍요롭고 비옥한 땅인 이 곳에 정착하여 그들 자신들의 국가를 건설하려는 의도라고 볼 수 있으며, 반면 간다라 지방 주민들은 이들 이민족을 받아들인 후 점차 그들의 종교로 개종하여 이 곳에 정착하도록 하였던 것 같다.

한 때 페르시아의 속국이었던 간다라는 알렉산더 대왕 때부터 시작된 외침 이후 마우리아왕조, 박트리아-그리스(Bactrian-Greece), 인도-파르티안(Indo-Parthia), 쿠산(Kushanas), 사사니안(Sasanians), 키다라-쿠산(Kidara-Kushanas) 등 이민족이 번갈아 지배한 역사의 무대만큼이나 다양한 문화를 보여주기도 한다.

각 이민족의 침략으로 인한 문화의 충돌과 융화로 요약될 수 있는 간다라 문화는 흉노족의 침입에 연이은 아랍인의 침입으로 6세기 만에 종식된 듯 하며, 그 이후 이 지방의 예술가들이 인도의 데칸고원, 네팔, 티벳, 아프가니스탄 일부 지역으로 피신하여 간나라 불교문화의 명맥을 유지하였으나 이를 간다라 미술이라고 보기에는 어렵다는 견해이다. 그러면 여기서 역사와 관련하여 간다라 문화를 보기로 하자.

탁실라의 역사와 유적

인도의 고대 서사시 '라마야나'에 의하면 영웅 라마의 이복동생 바라타에게는 2명의 왕자가 있었다. '탁샤'와 '프슈카라 바티'이다. '탁실라'와 '프슈카라바티'라는 도시는 이 이름에서 기인한다. 인도의 산스크리트어에 의하면 탁실라는 탁샤(Taksa, 자르다의 뜻), 실라(Sila)는 돌을 의미하며, 본래 채석장이라는 뜻이다.

한편 중국의 동진에서 온 승려 법현의 여행기 '법현전'에 의하면 머리를 자른다는 뜻으로 기록되어 있다. 이것은 월광왕본생담(月光王本生譚)에 기록된 이야기로 석존이 전생에 월광왕이었는데 한 바라문교도가 억울하게 죄를 뒤집어쓰고 사형을 당하게 되었는데, 그를 불쌍히 여기고 석존이 대신 자기의 머리는 자르게 하여 그를 구해준 이야기이다. 따라서 그 성(城)은 단두한 곳이라 부른데서 기인한다고 적고 있다. 또한 거기로부터 멀지 않은 곳에서 '법현전'에 의하면 석존이 전생에 마하 사트바라는 자비로운 왕자로 있을 때 산길을 지나가다 새끼를 배어 병든 채 죽어가는 사자 모자를 보고 불쌍히 여기고 자신의 몸을 먹게 하여 살게 해주었다는 장소가 있다.

탁실라는 그리스인이 '탁샤실라'라고 부른데서 그 이름이 알려지고, 기원전 5세기에 이미 학문이 발달한 도시였다. 알렉산더 대왕의 동정(東征) 이래 탁실라는 간다라 지방과 더불어 인도와 중앙아시아를 연결하는 동서교통로의 매우 중요한 요지가 되었다. 대왕이 물러간 후 인도가 지배하게 되고 아쇼카 왕이 이곳의 총독으로 파견되었다. 아쇼카왕이 왕으로 즉위하고(기원전 273년) 불교로 귀의하였으며, 그 후 간다라 지방에서 불교를 수입하고 이 곳에 아람문자와 카로슈티 문자로 불교의 법칙명(法勅銘)을 새긴 비석을 만들었다. 아람문자는 고대 페르시아 제국 이래의 공통어였으며, 카로슈티 문자는 아람어를 바탕으로 하여 인도의 구어(口語)를 고쳐 탁실라에서 만들어졌다.

기원전 232년에 아쇼카왕이 세상을 떠나자 마우리아 왕조는 쇠퇴하고 기원전 190년에는 박트리아 왕국의 데메트리오스, 이어서 메난드로스 왕 등 인도그리스계왕이 펀잡에서부터 간다라 아프가니스탄의 중부를 차지하게 된다. 메난드로스 왕 때 그 곳은 그리스인의 물자교류의 중심지가 된다. 이 왕은 그리스의 뛰어난 합리주의 철학으로 당시의 불교를 제압하고자 하였다. 그래서 불교승령 나가세나 장로를 불러 문답을 하였는데, 이것이 '미란다왕문경'으로 세계 역사상 최초의 불교의 서양철학에 대한 승리였던 것이다.

대담 초부터 자아의 중요성과 그리스식 합리주의 철학을 강조한 왕은 장로의 무아와 윤회사상에 압도당한다. 바다, 물, 거기에 사는 생물은 그리스식으로 나누거나 분류하여 논할 수 없으므로 그러한 우주의 방대한 세계는 논리의 합리성으로는 설명할 길이 없음을 깨닫고 왕은 불교의 방대한 사유세계에 압도되어 불교에 귀의하였다. 이어서 간다라는 이란계의 샤카족과 파르티아족의 침략을 받게 된다. 샤카란 그리스어로 스키타이라고 부르는 북방 유목민으로 페르시아인이 붙인 명칭이다. 기원전 85년부터 80년대에 걸쳐 샤카족은 탁실라를 점령하였다.

파르티아족은 원래 카스피해 동남에 살던 민족으로 기원전 249~80년 박트리아와 같은 시기에 인도에 진출하여 안식국(安息國)을 세웠다. 파르티아의 가장 유력한 번왕(藩王) 스렌가(家) 곤도파레스 왕이 기원 20년경 서북인도에 진출하여 탁실라를 통치하였다. 이 왕은 기독교의 성서외전 〈사도 토마행전〉에 나오는 인도왕이다. 그 후 인도 파르티아 왕조를 대신하여 서북인도의 주인공이 된 것이 쿠산왕조이다. 쿠산이라는 이름이 처음 등장하는 것은 한서(漢書)의 〈서역전〉으로 그 기록에 의하면 기원전 2세기 후반 때 대월씨(大月氏)가 박트리아의 대하(大夏) 지방을 지배하고 5명의 영후(領候) 가운데 하나인 쿠산족(貴霜)이 이 지방을 다스리고 〈한서〉의 〈서역전〉에 의하면 쿠산의 쿠자라 카드피세스가 자립하여 왕이 되어 쿠산왕조를 창설하였다.

〈후한서〉의 서역전에 의하면 그 후 100년 후 쿠산 제후의 쥬라 카도프세스가 자립하여 왕이 되어 쿠산조는 1세기에서 3세기에 걸쳐 박트리아의 구령(區領)에서 서인도, 중인도의 마트라를 통치한 대제국이 되었으며, 이 왕조 아래서 간다라 미술이 발달하여 불상도 만들어지게 된 것이다.

쿠산왕조의 왕 쿠자라 카드피세스는 65년 간다라에 있어 스스로 '대왕 쿠샤나'라 칭하고 80세에 세상을 떠났다. 수도는 프슈카라바티에 두었으나 겨울에는 탁시라와 마투라의 왕궁에 머물렀다. 제2왕조는 새로운 왕후인 카니쉬카 왕에서 시작된다. 그 즉위는 2세기 중반이다.

탁실라 유적은 인도의 고고학국 장관 마샬이 1912년에서 20년에 걸쳐 발굴하였다. 기원전 500년에 이르기까지 1000년 간의 3개의 도시유적 수십 개의 불교사원지와 하나의 배화교신전, 수많은 출토품 등 간다라 미술이 성한 시대 전후의 사정을 뒷받침하는 자료를 발굴하게 되었다. 그러면 중요한 유적에 대해서 살펴보기로 한다.

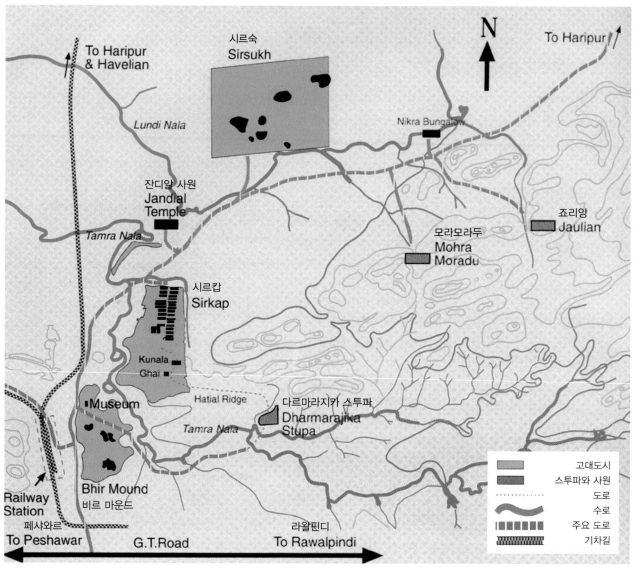

탁실라 고고학 지도

① 비르 마운드(흙더미, Bhir Mound)

우선 탁실라 박물관 동남에 있는 비르 마운드는 탁실라 제1도시의 유적이 눈에 띈다. 1920년대 그 일부를 발굴하였는데, 4층으로 된 집들이 있던 곳이다. 가장 오래된 4층 건물은 기원전 5세기 고대 페르시아 제국의 속국이었던 도시로 페르시아와 인도 문명의 영향이 눈에 띈다.

알렉산더 대왕이 범왕 오르피스의 안내를 받고 마케도니아의 고병(古兵)과 더불어 처음으로 이 곳에 들어간 곳이다. 알렉산더 대왕의 은화가 2개 이 곳에서 발견되었다.

18

비르 마운드 유적   비르 마운드 유적

알렉산더 대왕. 루브르 미술관.   알렉산더 대왕. 폼페이 출토. 나폴리박물관.

② 잔 디알(Jan Dial) 사원

시르캅 성문 북쪽 300미터에서 왼쪽으로 돌면 잔 디알 사원이 있
다. 정면의 계단을 오르면 소용돌이 모양을 한 돌기둥을 볼 수 있
다. 이것은 불교사원이라기 보다는 원형으로 된 그리스 파르테논
신전과 닮았다. 입구의 기둥은 사라졌지만 이오니아식 사암으로
된 초석이다.

잔 디알 사원

비르마운드에서는 그리스식의 37개 물방울형의 목걸이와 인도
식 지모신(地母神)의 조각이 발굴되었다. 또한 알렉산더 대왕의 은
화도 발견되었다. 3층에서는 신혼 초기의 은목걸이를 한 왕비 록산
느의 미모에 황홀해 하는 알렉산더 대왕의 가장 행복했던 시대의
모습이 연상되는 곳이다.

현재 발굴한 곳은 3층으로 마우리아 왕조의 마을이다. 가옥들은
중앙 뜰을 중심으로 여러 방이 주위에 시설된 서아시아식 건물이다.

이오니아식 주두(柱頭)

터번을 쓴 남녀상, 지모신상, 코끼리가 그려진 항아리 등이 있다. 이 때가 아쇼카 대왕이 태자로 군림하여 반란을 진압한 시기이다.

지표에 가까운 곳은 기원전 2세기 도시로 마우리아 왕조 쇠퇴 후 박트리아의 데오트리오스 왕이 다스린 도시이다. 그리스인은 여기에 새로운 도시를 건설하였다.

③ 다르마라지카(Dharmarjika) 가람

비르 마운드에서 동남 언덕을 오르면 다르마라지카 가람에 이른다. 이 탑은 다르마 라자(法王)라 칭하는 아쇼카 대왕이 불신(佛身)의 사리-석가의 유골을 모신 장소이다. 기원전 1세기에 세워졌으나 기원 1세기경에 증축하여 지금의 대탑이 이룩되었다.

다르마라지카 승원과 스투파

다르마라지카 스투파

부처와 여인 공양자상. 카라치 박물관.

영국 고고학자 존 마샬(John Marshall)은 탑 돌을 쌓는 방법을 크게 네 양식으로 나누고 있다.

(1) 제1방식(기원전 1세기 전후) : 대(大) 다이아바식. 큰 옥석 주위에 작은 돌을 끼고 위에 판석을 먼저 깐다. 야석(野石) 쌓기는 큰 돌을 쌓고 그 사이에 잔돌을 끼워 넣는다.

(2) 제2방식(1세기 후반) : 소(小) 다이아바식 쌓기. 표면에 평평한 잔돌을 배치하고 그 위에 작은 판석을 쌓아 올려 만든다.

(3) 제3방식(2세기 이후) : 대(大) 다이아바식 쌓기. 큰 옥석(玉石)을 쌓고 그 위에 판석을 쌓는다.

(4) 제4방식(3~5세기) : 아슈라 쌓기. 다이아바 양식에 아슈라식 쌓기를 차례로 배치한다.

　이러한 네 가지 돌 쌓는 방법은 탁실라 지방이나 간다라 지방의 도시와 사원에서도 사용되어 왔다.

　불탑참배는 탑을 중심에 놓고 오른쪽(시계방향)으로 세 번 돈다. 주위에 봉헌탑과 사당이 넓은 경내에 많이 산재해 있다. 대탑(大塔)에서 떨어진 언덕 서부에는 승방이 준비되어 있다.

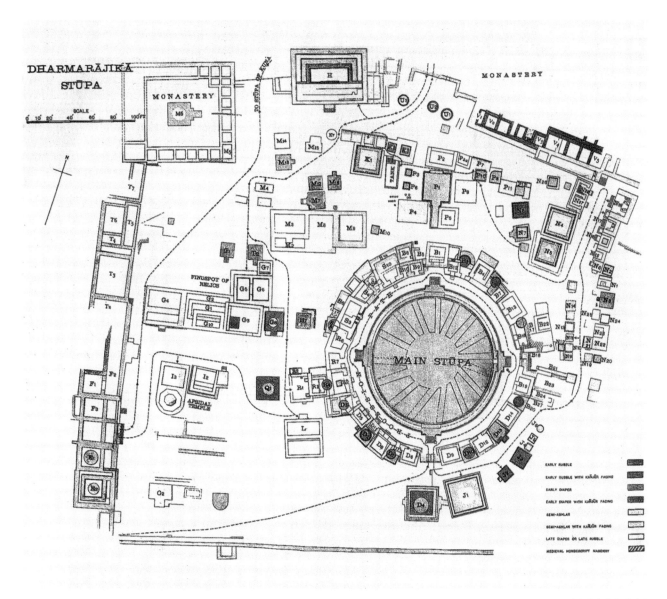

다르마라지카 평면도

시르캅 스투파   시르캅 메인 스트리트

④ 시르캅(Sirkap)

비르 마운드에서 북쪽으로 가면 시르캅의 유적이 나타난다. 이 지역은 성벽으로 둘러싸여 있고 전 길이가 5.5km가 되며, 북동쪽은 직각을 이루고 서쪽은 굴곡져 있다.

성문을 들어서면 폭 6m의 메인 스트리트(中心街)가 똑바로 남쪽으로 향해 있다. 또한 폭이 3m의 작은 길이 있고 정리된 의장식 도시계획으로 이루어졌다. 기원전 5세기 미레스의 히포크므스가 세운 도시이다.

성문 오른쪽에 시굴항(試掘抗)이 있다. 그 돌계단을 내려가 보니 지상에서부터 야석층의 벽이 있고, 3장의 파란 표지판으로 밑에서부터 그리스층, 샤카층, 파르티아층이라는 흰 글자가 씌여있다. 그리스층 지면에는 아치형 배수구가 있다. 다른 곳에는 흰 표지판에 II, III, IV라는 층만 쓰여 있다. 이것은 8분의 1 정도 되는 7개의 거주층이다.

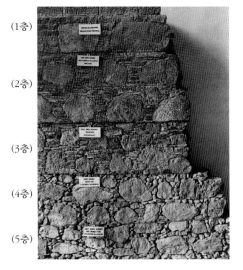

(1층)
(2층)
(3층)
(4층)
(5층)

지층모델. 탁실라박물관.

(1층) 쿠산조 시대(65년 이후)
(2층) 파르티아족 시대(20 - 65년)
(3층) 샤카족 시대 후기 (기원전 1세기말 이후)
(4층) 샤카족 시대 전기 (기원전 85년 - 1세기)
(5층) 인도 · 그리스 시대 (기원전 2세기)

쌍두독수리 스투파

쌍두독수리

시르캅에서는 역대 그리스왕의 화폐 451매가 발견되었다. 언덕 위에는 왕궁지(王宮地)가 있다. 그리고 무너진 스투파의 기단과 승원이 있다. 이 곳에 온 아쇼카 대왕이 태자일 때 있었던 크나라 가람에 관한 눈물나는 이야기가 있다.

"크나라 왕자가 왕비의 사랑을 거부하자 질투심에 불탄 왕비의 모략으로 두 눈을 잃고 장님이 된다. 왕비가 왕의 병을 고쳐준 대가로 그녀에게 일주일 동안만 왕권을 행사할 수 있도록 왕의 허락을 받는다. 이 때 왕비는 왕명을 대신하여 왕자의 눈을 뽑아버린 것이다. 장님이 된 왕자는 금(琴)을 치며 방황하다 인도에 이르자 아쇼카 대왕이 그 음악을 듣고 아들임을 알고 그를 만나게 된다."

디오니소스 흉상(시르캅)

시르캅에서는 금은 보석품 180점, 은그릇 44개 그리고 주택지에서 귀걸이와 목걸이가 많이 나왔다.

당시의 소년상

⑤ 시르숙(Sirsukh)

언덕을 내려와 서쪽으로 2Km쯤 가면 탁실라의 제 3 고대도시 시르숙 유적에 이른다. 남북 1Km 되는 구형의 도시로 두께 4.5m 정도의 대다이아바석의 성벽으로 둘러싸여 있다. 7세기에 현장스님이 이곳을 방문한 바 있다.

시르숙 유적

⑥ 죠리앙(Jaulian)

죠리앙 스투파

죠리앙 사원

석회암으로 된 바위산의 급한 언덕길을 90m쯤 올라간 곳에 죠리앙이 있다. 현재 이 곳에는 야생의 올리브 나무가 근처에 무성하다.

이 곳에 있는 2세기 쿠산조 이래의 탑원과 승원이 세트가 된 전형적인 가람비치는 독특하다. 정문에 들어서면 왼쪽에 중뜰이 있고, 주위에 사당이 둘러싸여 있다.

낡은 벽은 2세기의 대라이아 양식으로 새 것은 반아슈다 형식이다. 경내에는 네모꼴의 높은 기단 주위에 21개의 봉헌탑이 있고, 근처에 경내를 둘러싼 듯한 27개의 사당이 있다.

여기서 돌꼐단을 올라가면 승원으로 나오게 된다. 승원은 동서로 32m, 남북으로 27m나 되며, 낮은 곳에 자리잡은 중뜰에는 29개의 승방이 있다. 승원은 높은 벽으로 둘러싸인 비구들의 폐쇄적인 생활 공간으로 중뜰 구석에는 욕실, 그 동쪽에는 넓은 강당, 식당, 주방, 세탁장, 저장실이 있다. 죠리앙은 비구들의 수행도량인 동시에 기도를 드리는 장소이기도 하다.

죠리앙 승원

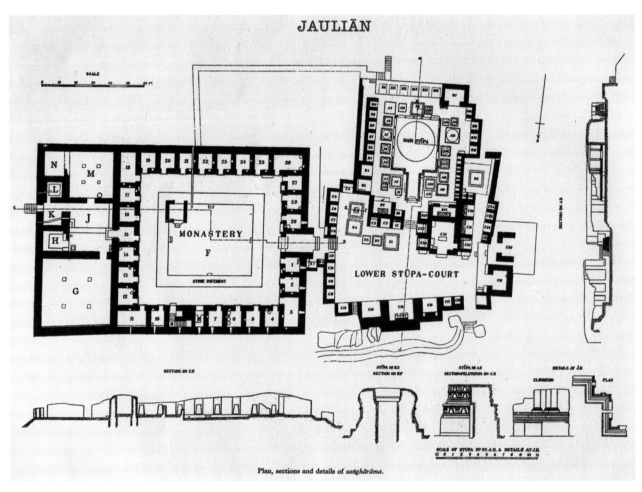

JAULIĀN

Plan, sections and details of *saṅghārāma*.

죠리앙 가람 평면도

⑦ 피파리 가람

최초의 가람은 후기 파르티아의 쿠산조 초기에 만들어진 것으로 30개 정도의 승방이 중뜰을 둘러싸고 있으며 그 가운데에 스투파 (Stupa)가 있다.

피파리 가람

⑧ 모라모라두(Mohra Moradu) 가람

죠리앙에서 1.5km로 되는 지점에 있는 산사(山寺)로 전형적인 탑원과 승원이 세트가 되어 있다.

모라모라두 가람

3. 간다라의 고도(古都)

'간다라(Gandhara)'라는 지명은 고대인도 바라문교 성전인 〈리그 베다(Rig Veda)〉의 찬가에 나오지만 역사적으로는 고대 페르시아 제국의 다리우스 대왕이 세운 유명한 비스툰 비문에 기록된 것이 가장 오래된 것이다.

불교가 서북인도에 들어온 것은 마우리아 왕조의 아쇼카 왕 때이다. 왕은 불교의 전도사 마잔티카를 기원전 256년경 간다라에서 카시미르까지 파견하였다. 아쇼카 왕의 법비(法碑)는 자바스가리와 만세라에 남아 있다.

'간다라'라는 지명이 중국의 사서(史書)에 나오는 것은 위진남북조시대(魏晉南北朝時代) 이후이다. '간다라'라는 말의 뜻은 '간다(Gandh)'는 향기를 '다라(dhara)'는 편재를 뜻하며, 국내에 향기가 퍼져 있다는 뜻으로 해석된다.

서북인도 지방을 인도인이 지배한 것은 마우리아 왕조의 100년간 뿐이고, 그 이후는 그리스, 샤카, 파르티아, 쿠산 왕조가 지배하였다. 고로 간다라인은 문화적으로나 사물의 관점에서 볼 때 국제적 감각을 지닌 철저한 코스모폴리탄이다.

이 지방의 전성시대는 쿠산조이지만 카니쉬카 대왕의 화폐에는 '미이로'라고 쓰인 이란의 태양신 마즈다나 월신(月神) 마오, 풍신(風神) 오아그, 화신(火神) 아트쇼, 풍요의 여신 아나히타(관세음보살의 전신, 인도의 시바신, 그리스의 태양신 헬리오스 등이 있다.

이것은 쿠산조의 왕이나 귀족들이 이러한 신들을 신봉한 것이 아니고 서방 각국과의 화폐유통을 위한 것이며, 불교왕 카니쉬카 왕도 조로아스터교나 힌두교를 보호한 점에서 매우 훌륭한 왕이라고 볼 수 있다.

여러 종교의 신상을 화폐에 새겨 유통함으로써 세계의 평화를 이룩한 카니쉬카 왕은 인류 역사상 가장 훌륭한 왕 중 한 사람이다. 한편 카니쉬카 왕의 궁전에는 왕을 불교로 개종시킨 불교시인 마명(馬鳴)보살, 바스미트라(世友)스님 등 고승들이 많았을 뿐만 아니라 처음으로 기록으로 경전의 결집이 이루어지고 그 후 유식론의 대가 무착(無着), 세친(世親), 그리고 백제에 불교를 전한 마라난타 스님 등 카니쉬카 왕 이후 4세기까지의 간다라가 인류문화에 공헌한 업적은 놀랄만하다.

파키스탄의 문화부 장관이 나에게서 마라난타 이야기를 듣고 대통령에게 그것을 전하여 대통령도 너무나 기뻐서 말끝마다 '마라난타'란 말을 입에 담고, 이어서 파키스탄이 새로운 불교에 대한 관심을 갖게 되었으며, 라폴 여자고등학교의 초청으로 무착과 세친의 유식론에 입각한 마음의 세계에 대한 강의는 파키스탄 국민에게 불교문화유산을 간직한 국가에 대한 새로운 긍지와 자비심을 불러 일으켰으며, 정부요원을 위시해서 국민들이 불교에 대한 관심을 높이는 계기가 마련되었다고 한다.

파키스탄 정부가 간다라 지방에 산재한 많은 불상들을 발굴 정리하고, 이것을 수용하여 전시할 수 있는 세계적 박물관을 이룩하며, 동시에 자국의 고대문화를 연구하는 인재들을 길러냄으로써 파키스탄이 비록 이슬람 국가이긴 하지만 이러한 훌륭한 불교문화유산을 관광자원으로 활용한다면 경제부흥에 커다란 도움이 되리라 생각한다.

꽃 끈을 멘 에로스

프랑스 학자 후세는 간다라 불상에 나타난 파상(波狀)의 머리턴, 깊게 쑥 들어간 눈, 높은 코, 타원형의 얼굴, 균형잡힌 옷주름 등 그 사실적 표현을 지닌 그리스미술과 백호(白毫)가 있는 머리 부분의 명상적 표정, 광배(光背), 시무외인, 성정인, 전법륜인(轉法輪印), 항마인으로 표현되는 인도적 표상의 융화는 세계 최대 예술품이라고 격찬한 바 있다.

아틀라스상. 편암.

분명히 간다라 조각에는 모든 사람이 지적하고 있는 것처럼 그리스신의 아폴론형, 비극시인 소포클레스형의 불상이 있고, 5세기 아테네의 거장 페디아스의 제우스상, 판치카 신상(神像), 아테네 형의 여신상, 특히 '음주하는 남녀군상' 등 풍요한 디오니소스 식 등 인도적인 냄새가 전혀 없다.

그 밖에도 하늘을 떠받치는 벌을 받는 그리스의 신 아틀라스가 그 일을 버리고 자비로운 부처님을 떠받드는 상, 파도 모양의 꽃 끈을 메고 가는 소년 에로스, 괴물 켄타우로스나 트리톤, 그리고 코린트식 기둥 등은 헬레니즘 미술에 친근하면서도 그 속에 박트리아 문화가 스며들어 있는 로마 양식의 문화는 간다라 예술의 극치이다.

기원 40년에서 70년 사이 바다의 실크로드를 소개한 해상무역의 안내서 '에류트라해 안내기'가 나오자 페르시아 만에서 인도양에 이르는 해상교통로가 발견되고 쿠산족은 간다라에서 로마까지 해상무역을 개시하여 로마에 비단을 팔아 크게 번영하였다.

로마 제품인 다양한 유리기구, 은그릇, 향료, 포도주가 알렉산드리아를 거쳐 간다라에 집산되어 거기에서부터 실크로드로 이어진 여러 내륙지방으로 즉 로마에서 중국까지의 상품상인의 중심지가 되었다. 초기 간다라 불입상(佛立像)의 옷은 로마 황제의 토가(Toga)를 닮고 있다.

간다라 미술과 불상 조성 연대(年代)는 1~2세기로, 쿠산왕조가 불상을 조성하기 위해 많은 로마 출신 조각가들을 고용하였다. 후세에 이어 마샬이 발굴한 유품 가운데는 그보다 오래된 스키타이 토착상의 유품과 인도식 조상도 많이 발굴된 것으로 보면 간다라 문화유산은 그리스문화의 유품만은 아닌 것 같다. 마샬은 이러한 고고학적 조사의 성과를 가지고 '간다라 불교미술'에 관한 편론(編論)을 발표하였다. 그것을 요약하면 다음과 같다.

제1기 석조시대(石彫時代)

① 유년기 : 후기 샤카족 시대(기원전 25 ~ 기원 25년)
　간다라 미술의 편암제(片岩製) 석조미술이 싹트기 시작한 시대.

② 소년기 : 인도 파르타이족 시대(기원 25 ~ 50년)
　헬레니즘 미술 부흥의 시대. 간다라 불탑의 단계.

③ 청년기 : 초기 쿠산왕조시대(기원 60 ~80년)
　간다라 불교조각, 불전도 불상의 시대. 단독상.

④ 성숙기 : 후기 쿠산왕조시대 (기원 100 ~130년)
　불교조각의 왕성기. 부처와 보살상.

처음에는 작가의 상상력과 취향이 반영되고 기술 본위로 이루어졌다. 천매암(千枚岩)의 것이 압도적으로 증가하였다.

제2기 형조시대(形造時代. 인도 - 아프간파(派))

키다라 쿠산시대. 스투코, 테라코타 불상의 전성기. 그러나 일본의 다게마(高田修)교수는 이 점을 재검토하고 간다라 석조불상의 연대를 다음과 같이 구성하였다.

① 기원 1세기 제4반기(四半期) - 불전도를 주역으로 한 불상의 출현.
② 기원 2세기 제1사반기 - 불전도. 제 1 쿠산조 초기.
③ 기원 2세기 제2~4반기 - 단독불상의 성립. 제1 쿠산조 후기
④ 기원 2세기 중기 ~ 3세기 중기 - 간다라 석조미술의 융성. 제2 쿠산조 시대
⑤ 기원 3세기 후기 ~ 4세기 말 - 간다라 석조미술의 쇠퇴기

따라서 간다라 미술의 문화권은 쿠산조 치하의 서북 인도이며, 동쪽은 탁실라, 북은 스와트, 남은 바누, 서쪽은 아프가니스탄의 카피샤(베그람 분지) 지역 쿠산조 미술로는 중인도의 마투라 미술이나 북 아프가니스탄에서 중앙아시아 박트리아 미술과의 관련을 고려해야 한다.

페샤와르 박물관

정면 입구문을 통해 중앙 살롱에 들어가면 양쪽 벽의 수많은 유리 케이스 안에 불전이나 본생담의 부조가 있다. 그 사이의 벽에는 큰 불입상(佛入像)과 보살상이 있다. 작품은 잘 정리되어 있다. 대표적인 것은 불전도로, 이 박물관에서 우리는 불전도, 불상, 미륵상, 관음상의 대표적 작품을 주로 볼 수 있다.

현존하는 단독상에서 가장 초기의 것은 라홀박물관에 있는 불입상이다. 눈을 크게 뜬 모습, 당당한 체구, 옷주름의 자연스러운 모습 등 전체가 균형잡혀 있어 위엄으로 넘친다.

간다라 조각의 현실적 표현의 극도의 미를 이루고 있는 석가 고행상은 라홀 박물관에서 볼 수 있다. 케이스 안의 벽면에 진열된 불전, 불생도의 부조는 70점이나 된다.

사흐리바로르에서 출토된 '우진왕' 불상의 부조는 〈중아함경〉에서 설한 석존의 33천에서의 강하 때 우진왕이 불상을 만들어 맞이하였다는 광경을 나타낸 것으로 페르시아의 영향을 받은 작품이지만, 3세기 말에 만들어진 것으로 한국에서 흔히 믿는 것처럼 최초로 만들어진 불상은 아닌 것이다.

하여튼 석존의 멋진 인생의 전기가 생생하게 전해져 내려오는 것으로 보아 당시의 제작자들의 깊은 신앙심에 감동하지 않을 수 없다. 우리는 간다라 석조미술 조각 속에 스폰서의 모습도 새겨져 있는 것을 잊어서는 안 된다.

4. 차르사다에서 간다라 고도(古道)로 가다

간다라에는 도성(都城)의 유적이 2개가 있다. 하나는 프슈카라바티로 지금의 차르사다이고, 다른 하나는 지금의 페샤와르이다. 도시화된 페샤와르에서는 옛 도성의 유적을 볼 수 없지만 단 하나 카니쉬카 대탑이 있다.

프슈카라바티는 산스크리트어로 '파란 연꽃'이란 뜻이며, 근방의 파란 연꽃이 너무나 아름다워 나는 한국에 옮겨보기 위해서 20뿌리 가량 가져 와 여러 곳에 옮겨 심었으나 아깝게도 뿌리를 내리지 못하고 모두 죽고 말았다. 방콕이나 일본의 벳부에서도 파란 연꽃이 아름답게 피어 있는 것을 본 적이 있는데 이를 한국에 퍼뜨려 보고 싶었던 나의 꿈은 기술적인 문제로 이루어지지 못했다.

〈대당서역기〉에는 프슈카라바티 도성의 북쪽에 아쇼카왕이 세운 천생사안탑(天生捨眼塔)과 그 서북쪽의 석굴에 귀자모신(鬼子母神)을 교화시킨 본생담의 불전의 성지가 있다. 차르사다 마을은 알렉산더 대왕이 오래 머물렀던 곳으로 지금도 그 시대의 유물을 길거리에서 볼 수 있다. 여기는 현장이 걸어 온 탁티바히 가람으로 가는 길로, 그 길을 따라 탁티바히에 이르게 된다.

① 탁티바히(Takht-i-Bahi)

탁티바히 가람은 남북으로 길게 뻗은 언덕 위에 위치하고 있으며, 그 뒤에 봉우리가 보인다. 계곡을 따라 동서쪽에 집이 둘러싸여 있고, 건물은 근처의 산의 붉은 옥석(玉石)과 판석(判石)으로 다이아바식으로 쌓은 벽이 있다. 언덕 위에는 저수지가 2개 있는데, 탁티바히란 저수지 자리라는 뜻이다.

1929년에 이르러 현 상태로 정비가 된 것이다. 가람의 주부는 탑원(塔院) 봉헌탑이 있는 중원(中院), 승원(僧院), 강당, 선당(禪堂), 삼탑원(三塔院) 등으로 이루어져 있고, 배후의 산에는 승원과 민가가 산재해 있다.

가람의 설립연대는 다음과 같다.

제1기 : 기원전 1세기에서 기원 2세기까지
　　　　파르티아의 곤도파레스 왕의 시대부터 쿠산조의 카니쉬카 왕의 치세까지. 중원, 승원, 주방, 저장실 건설.

제2기 : 기원 3세기에서 4세기까지
　　　　쿠산조의 카니쉬카 3세부터 바스데바 2세까지. 탑원과 강당 건설.

제3기 : 기원 4세기에서 5세기까지.
　　　　기다라, 쿠산조, 삼탑원(三塔院) 건설.

제4기 : 기원 6세기에서 7세기까지.
　　　　포스트 쿠산조, 선당(禪堂) 건설.

탁티바히 사원

중원은 탑원과 승원 자리의 제일 낮은 곳에 있다. 동서 35m, 남북 15m의 구형 중문에 35개의 봉헌탑이 있다. 소탑(小塔)은 기단만 남아있지만 원형(圓形)과 8각형이 각각 하나이고, 이 외에는 모두 방형(方形)의 단일 스투코 부조로 장식되어 있던 곳이다. 중문뜰 주위에는 높이 8m 정도의 사당이 30개가 있다. 'ㄷ'자 형으로 돌로 둘러싸여 있고, 1.5 평방미터 정도의 당 내에는 불상이 모셔져 있었던 것 같다.

탁티바히

탁티바히 사원

승원은 19 평방미터의 중뜰로 15개의 승방이 있다. 방 안은 사방 3m의 넓이로 환기공이 있고, 등불과 책을 놓게 되어 있다. 그 곁에 주방과 저장실이 있다.

중뜰의 동남부에는 네모형의 저수조(貯水漕)가 있고, 승원의 지붕에서 빗물을 받도록 되어 있다. 탑원은 중뜰에서 남쪽으로 15단의 석단을 오른 곳에 있다. 남북 17m, 동서 14m,의 중뜰에 대기단(大基檀)이 있다. 중뜰 주위에는 북쪽에 거주하는 승려의 수는 40명 정도이다. 사당이 15개나 있다. 여기에도 불상이 있었던 것 같다.

신도와 순례자들은 직접 중원이나 탑원에 들어가 불탑, 봉헌탑, 사당에 가서 부처님께 향을 올리고 예배도 하고 승려로부터 불전, 본생담의 해설을 듣기로 했다. 강당의 남쪽에 지하실이 있다. 입구는 가톨릭 성당 모습이고 여기에 승원의 비구들이 명상도 하고 은거하기도 하는 선당이 있다. 이 곳에서 예수의 제자 토마스가 쓴 불교논문도 발견되었다.

탁티바히 승원 복원도

사당의 복원도

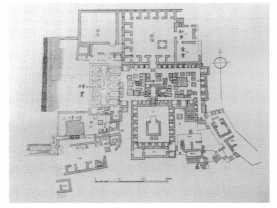

탁티바히 승원 평면도

탑원의 사당

② 마르단(Mardan)

이어서 근처의 마르단 마을에 갈 수 있다. 탁티바히에서 동쪽으로 12km의 거리이다. 높은 산 위에 탑원이 있고, 중앙에 원형 기둥이 있으며, 12각형의 벽으로 둘러싸여 있다.

그 주변에 사당이 즐비하게 시설되어 있다. 이 곳에서 남쪽으로 돌계단을 내려가면 중원(中院)이 있고, 선당(禪堂)이 중뜰을 둘러싸고 있다. 이 곳에서 출토된 유품이 3850점에 달하고, 석조가 압도적으로 많다. 간다라에서는 초기사원에 해당한다.

솔로몬 왕의 이야기와 유사한 두 여인이 한 아이를 둘러싸고 각기 자기 아들이라 싸운 이야기가 있던 곳이다. 여기서 동남으로 9km 정도 가면 '쟈바스가리'라는 마을에 이르게 된다. 이 곳에는 간다라의 오랜 왕성이 있었다고 한다.

현장스님은 이 곳이 쟈타카에 나오는 '보시태자' 이야기의 연고지라 하였다.

③ 부트카라(Butkara)

부트카라 사원은 Ⅰ과 Ⅲ이 있다. 부트카라 Ⅰ은 탑 중심의 사원으로 민고라(Mingora)의 교외 평지에 위치해 있고, Ⅲ은 구조가 다른 작은 사당 위주로 스와트 박물관에서 가까운 언덕 위에 위치하고 있다.

민고라는 고대 우디아나(Udyiyana)의 수도로 기원 520년 이 곳을 방문한 중국의 송운스님은 우디아나는 매우 비옥했다고 기록하고 있다.

부트카라 Ⅰ은 1962년과 1965년에 걸쳐 이탈리아 학자 파세나(Faccena) 주도 하에 이탈리아 발굴협회에 의해 발굴되었다. 한편 부트카라Ⅲ은 페샤와르 대학과 파키스탄 학자인 압둘라 레만(Abdur Rehman)에 의하여 발굴되었다.

그 구조를 살펴보면 부트카라 Ⅰ은 중앙에 원형의 대불탑을 중심으로 그 주위에 트고 작은 봉헌 스투파가 둘러싸여 있다. 부트카라 Ⅰ은 기원전 3세기 경에 처음으로 지어졌으며, 기원 10세기까지 계속해서 확장공사를 하였다. 부트카라Ⅲ 역시 기원전 2세기에 처음 지어진 후 기원 7세기까지 중창을 거듭했다.

부트카라 Ⅰ에서는 많은 석재와 스투코로 조각된 보살상, 경배하는 사람, 사자, 그리고 아틀란티스 등과 함께 자타카 설화, 부처의 생애를 살펴볼 수 있는 많은 부조물들이 발견되었다. 그리고 부트카라Ⅲ에서도 돌로 된 조각과 민중들의 생활을 엿볼 수 있는 여러 형태의 부조, 꽃 끈을 새긴 부조, 자타카 설화와 부처의 생애를 알 수 있는 많은 조각이 발굴되었다.

또한 일부 작은 불탑 안에서는 사리용기와 함께 작은 염주도 발견되었는데, 이 곳에서 발굴된 유물들은 스와트 박물관에 전시되어 있다.

④ 니모그람(Nimogram)

스와트 지역의 대표적인 사원 유적이 파키스탄 고고학자들에 의해 발굴되었다. 사원은 샤모자이의 니모그람 마을 남쪽 산 꼭대기에 위치해 있으며 주변 풍경이 매우 아름답다.

니모그람 사원지

사원에는 3개의 큰 불탑이 있으며, 그 가운데 원형의 불탑이 주불탑이다. 정상의 불탑으로 가는 계단이 있으며, 주불탑 주위에 같은 크기와 모양의 56개나 되는 봉헌탑과 예불장소가 있다. 또한 북쪽 기단 위에는 작은 탑이 있다. 남쪽 기단에도 불상이 있었으나 현재에는 존재하지 않는다. 이 곳에서 석가의 설화가 새겨진 많은 양의 조각이 발견되었다.

니모그람 스투파

〈간다라 지역에서 발굴된 사원들〉

① 페샤와르(Peshawar)

- 샤지 키 데리(Shah Ji Ki Dheri)

② 마르단(Mardan)

- 탁티바히(Takht-i-Bahi)
- 자말 가르히(Jamalgarrhi)
- 아라니가트(Aranigat)
- 타랄리(Tharali)
- 세리하홀(Sehrihahol)
- 메카산다(Mekhasanda)
- 아지즈데리(Azizdheri)

③ 스와트(Swat)

- 부트카라Ⅰ·Ⅲ(ButkaraⅠ·Ⅲ)
- 굼바투나(Gumbatuna)
- 니모그람(Nimogram)
- 싱가르다르(Shingardar)
- 사이두(Saidu)
- 마람자바(Malamjaba)
- 티라트(Tirat)
- 니와가이(Niwagai)
- 판르(Panr)
- 다다라(Dadhara)
- 나기그람(Nagigram)
- 시나샤(Shinasha)
- 마자나이(Majanai)
- 아사바바(Ashabhaba)
- 칸자르코테(Knajarkote)

④ 말라칸드(Malakand)

- 카파르코트(Kafarkot)
- 파라르(Palar)
- 하바이트그람(Habaitgram)
- 로라이탄가이(Lorairangai)

5. 간다라 불교사원과 그 자연배경

대부분의 불교사원은 스와트 지역을 중심으로 그 주변에 산재해 있다. 쿠산왕조 시대에는 백성은 평지에 거주하였지만 사원은 모두가 산이나 계곡에 건축하였다. 그 이유로는 세 가지를 들 수 있다.

첫째는 승려들이 민중들로부터 방해받지 않게 하기 위해서이고 둘째는 끊임없이 일어나는 부족간의 전쟁으로 산 위에서 적의 동향을 파악하기 위함이며, 셋째는 비옥한 농토를 잠식하지 않기 위해서이다.

당시 스와트는 숲이 매우 울창한 매우 비옥한 땅이었다. 기원 520년경 이 곳을 방문하고 남겨놓은 기록에 의하면 이 지방은 아름다운 자연환경과 비옥한 땅에 부처의 이미지가 깃든 사원이 6천개 정도 있었다고 한다.
또한 7세기 이 곳을 방문한 현장스님은 1500개 정도의 사원이 있었다고 기록하고 있다. 당시 사원은 산의 물줄

기가 있는 곳에 위치하였으며, 절 밑의 농토는 부유한 불교도들이 사찰에 보시한 땅으로 절의 소유였다.

여기에 승려들이 직접 농사를 지으며 살아왔으며, 그들은 매우 풍요로운 생활을 하였다. 또한 언덕 초원(草原)에는 양을 길렀으며, 숲이 우거졌기 때문에 숯을 구워서 연료로 사용하였다.

지금까지의 발굴성과로 보아 당시의 승려들은 수행과 불교에 관한 연구 뿐 아니라 의학, 천문학, 논리학 등에 관한 연구도 활발하였다. 승려들이 사용한 의료기구와 농기구, 장기, 바둑판, 가면 등이 승원터에서 발굴되었다.

이 지역에서 발굴된 유물 가운데 많은 양이 영국으로 옮겨갔다. 간다라 발굴지에서는 경전이 발굴되지 않았기 때문에 승려들이 구체적으로 무엇을 가지고 수행을 했는지 자세히 알 수 없지만 사원이 민중들의 정신수행을 지도하고 동시에 학문적 연구의 본산이 되었던 것 같다.

아울러 당시 불교신앙이 외국에도 많은 영향을 끼친 것을 볼 수 있다. 기원 1~3세기의 탁실라에 대학이 있어 외국에서 이 지역으로 많은 학자들이 공부하러 왔다는 기록을 볼 수 있고, 길기트와 훈자 지역의 바위에 새겨진 암각은 아람어와 히브리어 문자로 새겨졌음을 알 수 있다. 이로 미루어 유태인 순례자들과도 교류가 있었음을 짐작할 수 있다.

이 지역에 있는 불교사원은 주로 기원전 1세기에서부터 기원 1세기 샤카-파르티안 시대에 지어진 것이다. 사원 형태는 주로 불탑을 중심으로 둘레에 사원이 있으며 주거지와 예배드리는 곳, 회의장소, 수행하는 곳으로 나누어져 있다. 그리고 사원은 위치한 장소에 따라 건축 양식이 다소 차이를 보인다.

그러나 사원 구조에 대한 정통적인 연구는 마르단에 위치한 탁티바히를 원형으로 삼고 이것을 중심으로 충분한 연구가 이루어지고 있다. 사원구조에 대한 연구는 불교역사 뿐만 아니라 건축술에 있어서도 대단히 중요하다. 왜냐하면 간다라의 불교사원은 오늘날의 절의 기원이 될 뿐만 아니라 아치형 건축양식도 불교사원에서부터 시작되었기 때문이다. 서양학자들은 아치형의 건축을 게르만 민족이 처음 시작했다하여 고딕 양식이라 하지만 이것은 잘못된 해석이다.

이렇게 간다라 지역의 불교신앙은 매우 비옥한 곳에서 풍요로운 가운데 번창하였다. 그러나 이 지역에서 불교신앙이 사라진 후부터 계속된 전쟁으로 불교 유적지가 파괴되기 시작했고, 오늘날에는 극도로 황폐한 모습만을 보이고 있다.

기원 5~6세기 흉노족과 에프탈족의 침입에 의해 파괴되기 시작하여, 10세기 이슬람교의 정착과 15세기 무굴제국의 지배, 그리고 17세기 시크교도(Sikhism)인 시크족(Sikh)에 의해 무차별적으로 파괴되었다.

또한 힌두교도들은 불교가 민중생활 속에 파고들지 못하도록 사원은 물론 승려들까지도 살해하였다. 이렇게 계속적인 전쟁은 불교 유적지의 파괴는 물론 자연환경도 서서히 황폐화시켰다. 그리고 마침내 비옥한 평야 역시 점점 삭막한 건조지대로 변하게 된 것이다.

현재 파키스탄 정부는 세계 최초의 사원이 있던 탁티바히가 있는 산을 중심으로 10년 전에 세운 식수계획에 따라 당시의 모습을 복원하기 위한 노력을 기울이고 있다.

6. 앞으로의 발굴 과제

간다라 유적에 대하여 지금까지 발굴된 것은 매우 미약하다. 지금까지는 파키스탄 정부의 무관심으로 외국 고고학자들에 의해 발굴되었으나 발굴된 유물은 안타깝게도 외국으로 유출되었다. 그러나 뒤늦게나마 세계적인 관심과 지원 하에 파키스탄 학자가 주축이 되어 연구, 발굴하는 것이 바람직하다고 아쉬라프 박사(Dr. Ashraf)는 역설하고 있다.

간다라 문화에 대한 진정한 애정을 갖고 활발히 활동하고 있는 현지 학자인 아쉬라프 박사의 의견을 토대로 앞으로의 바람직한 발굴 방향을 제시해본다.

앞으로 쿠산족이 남긴 유적에 대한 발굴을 활발히 해나간다면 세계적인 유산이면서도 현재 잘 알려지지 않고 있는 간다라 문화가 전세계적으로 알려질 것이다. 종교적인 문제를 떠나 파키스탄 국내에서부터 먼저 불교에 대한 인식개혁이 시급하며, 이와 함께 인류문화유산으로서의 간다라 문화유산이 재평가되는 것이 급선무이다. 그리고 외국의 재정적 지원과 외국 학자와 기술에 의한 발굴이라 하더라도 발굴된 유물은 절대적으로 현지에 보존해야 하며, 발굴된 지역에 박물관을 세워 전시하도록 해야 인류문화유산으로의 가치와 인식을 바로 세울 수 있을 것이다.

그러기 위해서는 발굴과 당시 불교사원을 현대식 건축기술을 응용하여 복원하고, 정기적으로 불교신자와 승려들이 찾아와서 불교에 대한 강의와 토론이 이루어져야 한다.

한편 현지에 간다라 자료수집 센터를 건립하여 전세계적으로 분포된 간다라에 대한 자료를 수집해야 한다. 이미 파키스탄 정부에서 간다라 유물을 보관하고 있는 여러 나라에 이를 제안하였으나 제대로 받아들여지지 않는 상태이다.

그러므로 간다라 연구의 정립을 위해 가장 우선적으로 해야 할 것은 어느 나라에 어떤 유물이 있는지를 파악한 후 유물반환을 재시도하는 일이다. 불교에 대한 깊은 연구와 함께 서로 연관성을 갖고 동서양의 불교학자들이 한 자리에 모여 함께 연구한다면 귀중한 인류문화유산인 간다라 불교 유적이 그 진가를 발휘한 것이며, 지금까지 밝혀지지 않은 많은 역사적 사실들이 새롭게 드러날 것이라 확신한다.

불상 출현 이전의 석가의 상징

불상 출현 이전의 석가의 상징

1. 사리용기와 봉헌탑

석존의 사리(유골)는 분골(分骨)되어 사리 용기에 넣어 스투파 중앙에 넣었다. 그러나 사리는 한정되어 있기 때문에 그 대신 금, 은, 수정, 마뇌, 유리 등의 가공품을 사리용기에 넣기도 하였다.

석가의 진골이 든 사리용기. 가비라성 주변의 비프라사에서 출토. 기원전 4~3세기. 뉴델리박물관.

석가의 사리(유골) 용기. 간다라 출토. 기원 2~3세기. 코끼리 머리에 얹어 운반하는 모습.

봉헌탑. 간다라 출토. 기원 3~5세기.

2. 삼치표(三叉標)

석가의 존재를 나타내는 표식으로 깃발 위나 문틀의 기둥에 장식한다. 보좌 위에 그려서 석가가 있음을 나타낸다. 문양으로 숫자 3을 옆으로 눕혀 놓은 모양으로, 그 밑에 금강저(金剛杵), 그리고 금강저 밑에는 법륜이 새겨져 있다.

①

삼치표(깃발 윗부분)
산치. 기원전 2세기 말.

②

삼치표(문기둥의 윗부분)
산치. 기원 2세기.

3. 상징으로써의 보륜(寶輪) 또는 법륜(法輪)

화면 전체(붓다가야의 석가존재). 중앙 위에서 우산 성수(보리수) 삼치표 보좌. 산치. 기원전 2세기.

주두(柱頭)의 법륜. 아마라바티 출토. 아마드라스 박물관.

①

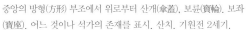

중앙의 방형(方形) 부조에서 위로부터 산개(傘蓋), 보륜(寶輪), 보좌(寶座). 어느 것이나 석가의 존재를 표시. 산치. 기원전 2세기.

②

초전법륜. 대좌의 중앙에 법륜. 법륜 양쪽의 사슴은 녹야원을 표시. 편암 2~3세기. 페샤와르 박물관.

③

석가와 5명의 제자가 만남. 석가의 모습은 서 있지만 설법장면은 삼보와 기둥으로 표현되어 있다. 간다라 출토. 편암. 기원 2~3세기.

④

3보에 보시. 간다라 출토. 편암 3~4세기. 페샤와르박물관.

4. 성수·산개·보좌

①

금강보좌. 석가가 깨달음을 얻은 곳에 후세인이 만든 사암(沙岩) 보좌. 건물은 붓다가야대탑. 기원전 3세기. 붓다가야.

②

성수. 산개. 보좌. 어느 것이나 석가의 상징.
천상에서 내려오는 석존을 맞이하는 왕과 민중. 바르후트 출토.
기원전 2세기 말. 캘커타박물관.

③

성수. 산개. 보좌. 조각에 의한 이름은 비시바브 불타.
과거불 중 한 사람(과거7불도 수목으로 나타냄).
파르와트 출토. 기원전 2세기 말. 캘커타박물관.

5. 불족적(佛足跡)

석가의 존재를 나타내는 장소에 卍자로 불족적이 그려져 있다.
석가가 위독할 때는 여러 개의 족적이 그러지게 된다.

①

불족석(佛足石). 2~3세기. 편암. 간다라 출토.
라호르박물관.

②

3도보계(三道寶階)에서 지상에 내려오기 직전의
첫 걸음. 파르와트 출토.

③

3도보계의 천상계에서 내려오는 첫 걸음.
파르와트 출토.

④
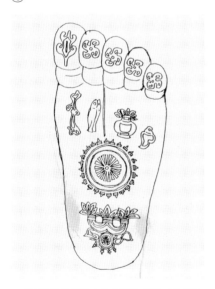
약사본존의 족적. 8세기 중엽. 일본 나라 출토.

⑤

불족적. 1~2세기. 경질사암. 스와트 출토.

⑥

불족적. 1~3세기. 스와트 테자트 마을 출토.
편암. 스와트박물관.

6. 보관(寶冠)과 불발(佛髮)

천상에서의 금발(金鉢) 공양. 제석천이 금발을 들고 있다.
사마라바티 출토. 기원 1~2세기. 석회암. 마드라스박물관.

불발(佛鉢. 터번) 공양.
간다라 출토. 편암. 페샤와르박물관.

불발(佛鉢)·보관(寶冠. 터번) 공양.
간다라 출토. 기원 2~3세기. 편암.
페샤와르박물관.

부처님 전생 이야기

부처님 전생 이야기

'본생담'이란 부처님 전생에 일어난 일을 엮어 기록한 것이다. 이것을 남방불교에서는 '자타카(Jataka)'라 부른다. 부처님 전생에 깨달음을 얻기 위한 수행의 과정을 여러가지 이야기 형태로 엮은 것이다. 본생경은 부처님께서 이 세상에 태어나기 전부터 성불이 확정되어 있었다는 믿음에 기초하고 있다.

본생경은 석가모니 부처님이 깨달음을 얻기 전 보살로 살았던 다양한 삶의 형태를 나타내고 있다. 동화처럼 재미있기도 하고 때로는 눈물이 날 정도로 처참하기도 한 이 이야기는 성도한 부처님의 위엄만이 아니라 공덕을 쌓는 고통과 권선징악에 벌 받는 인간들의 이야기로 가득 차 있다. 현대를 살아가는 우리들에게는 이해하기 힘들 정도로 극단적인 희생의 일면들이 가슴 뭉클함을 넘어 때로는 간담을 서늘하게도 한다.

한편 간다라 지방 불교사원의 불탑이나 건조물에서도 붓다의 생애를 도해한 많은 부조를 볼 수 있다. 불전은 부처님 생애 이외에도 그 이전의 전생 이야기, 즉 부처님께서 전생에 여러 유정의 존재로 태어나 많은 선업(善業)을 닦아 온 결과 부처가 되었다는 것을 내용으로 한 것이다.

이러한 이야기나 조각은 불상이 만들어진 초기에 위대한 각자(覺者)로 간주되는 부처가 신화적으로 새롭게 해석되었으며, 불전도는 간다라의 카니쉬카 왕조 때 활동한 마명의 〈붓다차리타(佛所行讚)〉가 유명하다.

① 연등불 수기(燃燈佛 授記)

'붓다(Buddha)'란 깨달은 자란 뜻이지만 과거에도 수업이 많은 붓다가 있었다. 그 대표적인 예가 연등불(燃燈佛, 定光佛)이다. 전생에 보살로서 수행 중 석존에게 성불(成佛)의 수기(授記, 예언)를 준 과거불의 이야기다.

옛날 연등불이 다비티라는 곳에 나타난다는 소식을 들은 메가는 연등불을 만나기를 간절히 원한다. 그는 꽃을 구하여 연등불에게 바치고자 하였으나 국왕이 나라 안의 꽃을 모두 사들인 연유로 꽃을 구할 수 없었다.

그 때 고비라는 소녀가 물병을 안고 7개의 연꽃을 가지고 지나가는 것을 본 바라문 청년 메가는 그녀에게 꽃을 팔 것을 애원하였으나 소녀는 이를 거절하였다. 그러나 이에 굴하지 않고 메가는 계속해서 애원하자 고비는 다음 생에 메가의 부인이 될 것을 약속받고 5개의 꽃을 건네준다. 그녀가 야소다라비(妃)의 전신이다. 마침내 연등불이 마을에 도착하자 왕과 많은 사람들이 마중나와 꽃을 뿌렸다.

연등불 수기

　시크리에서 발굴되어 라호르 박물관으로 옮겨져 전시되고 있는 스투파에 12면의 석조부조가 부착되어 있는데, 그 중 가장 아름다운 부조 하나가 뚜렷하게 드러나 있다. 메가가 소녀로부터 꽃을 사는 장면이다. 오른쪽에는 메가가 연등불에게 꽃을 던지고 있는데, 연꽃은 하늘에 머물러 있고, 그 아래에 연등불에게 경배를 표하고 있는 메가가 새겨져 있다. 꽃을 던지는 메가의 윗쪽에는 연등불이 메가가 장차 부처가 되리라는 수기를 주고, 이에 메가는 공중으로 솟구쳐 오른다. 메가는 비에 젖은 땅에 자신의 머리털을 깔고 그 위로 연등불이 지나가도록 한다.

　이 장면에서 메가는 네 번 나타나 있다. 즉 연등불을 중심으로 네 개의 시점이 나타나 있고, 연등불은 주위 사람들보다 2배나 크다. 보통 부처가 나오는 경우는 화면의 중앙이나 그 근처에 있는데, 좌우에 다른 인물이 배치되었는 지에 따라 조금씩 다르다. 이 연등불의 부조는 인도에서는 볼 수 없고 아프가니스탄이나 파키스탄 지역에서만 볼 수 있다.

　도면을 보면 고비 소녀가 꽃을 들고 있다. 그 배후에 성문(城門)이 있어 도시임을 알려준다. 그 오른쪽에 메가가 꽃을 사려하고 있다. 메가는 바라문 교도를 나타내는 물병을 들고 있다.

　던져진 연꽃은 전차의 바퀴처럼 커져 연등불의 머리 위에 천개(天蓋)를 이루고 연등불의 동작에 따라 그가 걸으면 같이 걷고 멈추면 같이 멈춘다. 서 있는 메가 위에 도 하나의 메가가 공중에 떠서 합장을 하고 있다. 스와트 지방의 부트카라에서도 연등불과 유사한 불상이 발굴되었다.

　이 이야기는 본생담이라기 보다는 불전의 일부로 남아 있게 되어 매우 중요한 것이다. 이 수기의 무대는 나가라하라이며, 오늘날 아프가니스탄의 젤랄라바트이다. 연등불 앞에 무릎을 꿇은 메가의 자태는 초기 사산왕조의 전승 기념의 부조나 로마의 황제숭배의 도상과 유사하다. 이것은 모든 본생도 가운데 부처님 전기의 시작으로 보는 점에서 중요성을 지니고 있다. 인도의 윤회전생의 관념으로 시작이 없는 석가의 전생이 뚜렷하게 나타나 있다.

② 시비왕 본생도(Sibi Jakata)

이 이야기는 석가의 전생 중 그의 자비심을 시험한 것이다. 어느 날 굶주린 매 한 마리가 비둘기를 쫓는데 이를 본 시비왕은 궁지에 몰린 비둘기를 구하고 대신 자신의 아랫다리 살을 비둘기 크기만큼 잘라서 굶주린 매에게 주려한다. 그러나 아무리 자신의 아랫다리를 잘라도 비둘기의 무게가 되지 않자 왕이 까무러쳐 버린다. 제석천이 시비왕의 자비심을 시험한 까닭에 아무리 잘라도 비둘기의 무게가 되지 않은 것이다.

대영박물관에 있는 부조를 살펴보면 화면의 왼족 의자에 앉은 시비왕 밑에 비둘기가 있고 시종이 왕의 아랫다리 살을 단도로 베고 있다. 그리고 실신한 왕을 시녀가 부축하고 있다. 왕의 표정에는 고통을 참는 빛이 역력하다. 왕이 앉은 의자 옆에는 비둘기가 앉아 있다.

중앙 위에는 훼손되었지만 매가 내려오는 장면이며, 그 밑에는 아랫다리 살의 무게를 재는 저울을 든 남자가 있다. 그리고 옆에는 제석천이 범천과 함께 나타나 왕의 위대한 행위를 축복하고 있다. 제석천 인드라는 바즈라(Vajra, 金剛杵)를 들고 서 있는데, 바즈라는 인드라가 지니는 무기로 번개를 상징한다. 그의 오른쪽에는 관을 쓰지 않았지만 머리 뒤에 역시 두광이 있는 것으로 보아 간다라 미술에서 인드라와 함께 천인의 대표 격으로 등장하는 브라만(Brahman, 梵天)임을 알 수 있다.

인드라의 왼쪽에는 한 사람이 저울을 들고 서 있다. 그리고 저울 왼쪽 끝에 달려있는 것은 이미 베어낸 왕의 살점인 듯하다. 또 이 사람의 왼족에는 매의 원래 모습으로 두 번 제시되어 있다. 두 개의 시점이 한 화면에 암시되어 있다고 할 수 있다.

시비왕 본생도

③ 보시태자 본생도(Visvantara Jakata)

석가의 전생 중 가장 마지막에 있었던 내용으로, 신이 사악한 브라만으로 변장하여 그의 인정(人情)을 시험한 이야기다.

비스반타라는 간다라국 시비(Sivi) 왕의 왕자로서 매우 인정이 많기로 유명했다. 그는 나라의 국보인 훌륭한 하얀 코끼리를 갖고 있었는데, 그 코끼리는 비(雨)를 가지고 오는 존재로 여겨졌다. 한 번은 인도 칼링가(Kalinga) 나라에 유례없는 대가뭄으로 인해 기근이 심했다. 그래서 브라만 신은 비스반타라에게 하얀 코끼리를 칼링가국에 내어주라고 요구했다.

인정 많은 그는 나라의 보배인 하얀 코끼리를 브라만에게 내어주었고, 마침내 칼링가국에 비가 내려 대기근이 끝나게 되었다. 그러나 그의 아머지 시미 왕은 나라의 보배인 하얀 코끼리를 허가 없이 내어준 일에 크게 분노하여 왕자를 나라에서 추방시켰다.

궁궐에서 쫓겨난 그는 신앙심 깊은 부인과 어린 자식 둘을 데리고 정처없이 길을 떠났다. 길을 떠나는 가운데서도 사악한 브라만은 그에게 계속 가지고 있는 모든 것을 요구하였다. 그는 부인과 아이들을 태운 궁궐의 2륜 마차와 말까지 브라만에게 보시하고 걸어서 귀양길에 올랐다. 그러나 브라만은 또다시 어린 자식까지 요구하였고 끝내는 부인까지 요구하였다. 부인을 요구할 때에는 제석천이 브라만으로 변장하고서 직접 요구하였다. 비스반타라는 브라만의 요구에 모두 응하여 자식과 부인을 모두 보시하였다.

부인까지 내주려는 보시가 막 이루어지려 할 때 제석천이 자기의 본 모습을 드러내고 그의 모든 소원을 들어주었다. 인정 깊고 동정심 많은 것을 다 시험한 그를 궁전으로 귀환시켜 행복한 궁전생활을 누리게끔 하였다. 후에 왕이 된 비스반타라는 계속 선을 행하고 많은 공덕을 쌓았다.

이 이야기는 마르단(Mardan)의 샤바즈 가르히(Shahbaz Garhi)에서 전해 내려오고 있으며, 아쇼카 대왕의 바위에 새겨진 칙령에 카로슈티 문자로 새겨져 있다.

이 본생도는 샤바즈 가르히에서 출토되었고, 현재 대영박물관에 전시되어 있으며, 세 단으로 구성되어 있다. 좌측 1단은 비스반타라가 바라문에게 하얀 코끼리를 보시하는 장면이며, 중앙의 하단은 쫓겨난 태자가 말과 2륜 마차를 브라만에게 보시하는 장면, 상단은 어린애를 안고 걷는 부부, 우측은 브라만에게 아이와 부인을 보시하는 장면이 새겨져 있다.

이처럼 간다라 조각은 서술적, 사실적인 표현이 특징이다. 인도 산치의 제1불탑 북문의 제3 대들보에는 보시태자 본생의 조각이 있으나 거기에는 태자가 사는 궁전 모습, 숲 속의 자연환경 묘사가 많아 간다라 조각의 표현과는 전혀 다르다.

도면은 왼쪽에서 오른쪽으로 전개된다. 말과 마차의 장면, 마차가 없이 어머니가 두 어린이를 데리고 있는 장면, 악한 바라문이 아이들을 때리며 데리고 가는 장면, 사자로 변장한 인드라와 비스반타라가 손에 과일을 들고 자식들을 슬픈 표정으로 바라본다. 부인의 보시를 마지막으로 가족을 만나는 장면은 보이지 않는다. 간다라의 중심부 마르단 근처 샤바즈 가르히에서 일어난 이야기로 나는 여러 번 이 곳을 방문하였다.

위 이야기를 도해한 부조가 몇 점 남아있다. 어떤 것은 코끼리를 보시하는 장면을 어떤 것은 말과 마차를 보시하는 장면을 보여준다. 탁실라 박물관에 소장된 부조는 원래 스투파의 층계 앞면을 장식하고 있던 긴 부조의 일부분이다. 여기에는 어머니가 없는 사이에 태자가 브라만에게 아이들을 주는 장면이 묘사되어 있다. 오른쪽에 왕자가 앉아 있고, 그 좌우에 벌거벗은 아이 둘이 놀고 있다. 왼쪽에 지팡이를 짚은 브라만이 다가와 아이들을 줄 것을 요구한다. 다시 그 왼쪽에는 아이들을 넘겨받은 브라만이 아이들을 막대기로 위협하며 데려가고 있다.

현장스님은 비스반타라가 아이들을 주었다는 곳에 다음과 같이 적고 있다.

"태자가 이 곳에서 아들과 딸 두 자식을 브라만에게 보시했다. 브라만이 아이들을 매질하여 피가 땅을 물들였는데, 지금도 그 곳 초목은 적색을 띠고 있다"

보시태자 본생도

④ 사신사호 본생도(Maha-Sattva Jakata)

　파키스탄 수도 이슬라마바드 바로 옆 도시인 라왈핀디에서 라호르로 가는 간선도로 북쪽 평원에 마니키알라의 대탑이 있다. 이 곳이 바로 〈대당서역기〉에 나오는 마하살수 본생담의 본 고장이다. 부처님은 전생에 이 지역을 여행하게 되었다. 어느 날 지나는 길에 이 곳에서 호랑이가 새끼를 낳고 먹을 것이 없어 굶주려 죽어가고 있는 모습을 보았다. 이를 불쌍히 여긴 부처님은 자기 몸을 호랑이에게 주어 죽어가는 호랑이를 살렸다.

사신사호 본생도

⑤ 육아상(六牙象) 본생도(Chhaddanta Jakata)

　상아가 여섯 개나 있는 코끼리왕 이야기는 인도적인 색채가 짙으며 라호르 박물관에서 볼 수 있다. 코끼리왕은 히말라야 산의 반야수 밑 연꽃 못에서 즐겁게 지내며 살고 있었다. 어느 날 왕은 첫째 부인에게 연꽃을 선물로 주자 두 번째 부인이 이를 질투하여 병들어 죽었다. 죽은 후 두 번째 부인은 염을 세워 인간 세계의 베나레스(Venares)국 왕비로 태어났다.

　어느 날 왕비는 왕에게 전생의 자기 남편이었던 코끼리왕의 상아를 갖고 싶다고 졸랐다. 왕은 사냥꾼을 시켜 코끼리왕의 상아를 잘라오라고 명령하였고, 사냥꾼은 히말라야 산에 올라가 상아를 잘라 가져왔다. 왕비는 그것을 보자마자 심장이 파열되어 죽었다.

　이 이야기를 조각한 부조는 네 부분으로 나뉘어져 있다. 반야 나무 밑에 코끼리왕이 있는 모습과 사냥꾼이 숨어서 코끼리왕을 잡으려고 활을 쏘려하는 모습, 코끼리왕이 몸을 숙이며 상아를 잘라가라고 하자 상아를 잘라서 들고가는 사냥꾼의 모습, 마지막으로 베나레스로 돌아가 상아를 왕과 왕비에게 바치는 장면이 각각 따로 조각되어 있는데, 그 옆의 왕비 모습은 결손되어 있다.

간다라 설화의 줄거리는 시간의 경과를 따라 순서대로 새겨져 있다. 이 설화의 조각은 인도의 산치나 아잔타에서도 볼 수 가 있다. 그러나 인도 조각은 무대와 환경을 중시하고 이야기 줄거리와는 직접 관계가 없는 동물, 식물을 풍부하게 묘사하고 있다. 이에 비해 간다라에서는 사건을 축으로 서사적으로 나타내고 있다.

석가가 과거에 동물로 나오는 이야기는 간다라 지방에는 오직 이것 뿐이다.

육아상 본생도

⑥ 사마 본생도(Shama Jakata)

이 이야기는 차사다(Chasadda)에서 전해져 내려오고 있다. 한 브라만이 수년간을 공부하고 난 후에 결혼을 하여 아이를 낳았다. 그 아들이 바로 샤마(Shama)이며, 그 이후 그들은 세상을 포기하고 히말라야 산 속으로 들어가 아들과 따로 살며 야채만을 먹으면서 수행자 생활을 하였다. 그러던 어느 날 샤마의 부모가 장님이 되고 말았다. 샤마는 장님이 된 늙은 부모를 모시기 위해 산 속으로 들어갔다.

샤마는 매우 신앙이 두터웠고 순종적이었으며, 부모를 극진하게 돌보았다. 어느 날 그가 샘물을 긷고 있는데, 마침 그 나라 왕인 베나레스(Benares)가 사슴사냥을 나와 활을 쏜 것이 샤마의 목에 맞아 목숨을 잃게 되었다. 그 소식을 들은 늙은 부모는 슬피 울었다. 그 안타까운 탄식 소리가 천상계에까지 미치자 샤마는 다시 살아나게 되었다. 이 설화는 후에 유교적 효도의 정신 풍토를 가진 중국의 정서에 부합하여 중국 민중들에게 큰 영향을 미치게 된다.

이야기의 부조(Relife, 浮彫)는 여러 개가 있다. 여기 보이는 조형물 오른쪽 끝 풀로 된 암자에 장님인 양친이 있다. 그 왼쪽에 음식을 가지고 있는 샤마가 있고, 장님 양친을 돌봐주는 모습을 보고 있는 인드라가 있다. 그 왼쪽에 또 샤마가 있다. 이어서 샘물을 마시는 사슴과 물을 긷는 샤마, 그 왼쪽에 활을 쏘는 왕, 장님인 양친에게 샤마의 죽음을 알리는 왕, 샤마의 죽음을 슬퍼하는 양친 등이 보인다.

⑦ 마이트라 칸야카 본생도

인간을 향한 신의 한없는 용서를 나타낸 이야기이다. 석가는 전생 중 선주(船主)의 아들인 마이트라 칸야카로 태어난다. 아버지는 바다에서 죽었으므로 그의 어머니는 아들에게 아버지같이 되지 말라며 바다에 가지 말라고 했다. 아버지가 이미 돈을 많이 벌어 놓았으므로 마이트라 칸야카는 어머니를 잘 보살피기만 하면 되었다.

그러나 마이트라 칸야카는 간곡히 말리는 어머니의 말을 듣지 않고 어머니를 차버리고 바다로 가버렸다. 그는 바다에 나가 많은 경험을 하면서 끝내 많은 손해를 입고 고향으로 돌아와 어머니의 돈을 탕진하며 돌아다녔다. 가는 곳마다 최소한 1명에서 4명 그리고 대로는 32명의 요정들에 둘러싸여 즐겼다. 그러는 동안 영혼을 악마에게 빼앗긴 채 방황하며 돌아다녔다. 그것은 어머니에게 반항한 벌이었다.

그는 죽어 지옥에 갔다. 한 남자가 벌거벗은 채 불에 타고 있는 바퀴를 머리에 이고 있는 것을 보았다. 어머니를 때린 벌로 저와 같은 벌을 받고 있다는 말을 지옥의 문지기로부터 듣는다. 그 시간은 바로 마이트라 칸야카가 거기 도착하여 그 남자로부터 불타는 바퀴의 족쇄가 마이트라 칸야카한테로 옮겨가기로 된 때였다. 그 말을 듣고 깊이 뉘우친 그는 그 벌을 달게 받으며, 다음에 태어날 때는 진정 인류애를 가지고 세상을 구제하는 데 힘쓰겠다고 몸을 구부려 신에게 맹세하였다. 그러자 즉시 그는 모든 고통에서 해방되었다.

아래 그림 오른쪽은 정령의 환대를 받는 장면이고, 왼쪽은 불 속에서 바퀴를 짊어진 장면이다.

⑧ 아마라 본생도(Amara jakata)

어느 보리밭 마을에 신심이깊은 바다루치라는 사람에게 매우 아름답고 지혜로운 아마라라는 아내가 있었다. 그는 가끔 경건한 시간을 갖기 위해 고행의 길을 떠나곤 했다. 그가 집을 떠난 사이 아마라를 사모하는 사람들이 그의 아내에게 밀회를 요구하였다. 그들은 왕의 아들인 장관과 행정요원 그리고 승려와 그의 이웃에 사는 하란야 굽타 등이었다. 하란야 굽타는 바다루치가 집을 떠날 때 아내의 생활비를 맡기며 아내를 잘 보살펴 줄 것을 부탁한 사이였다.

아마라는 밀회를 요구하는 그들에게 꾀를 내어 같은 날 각기 다른 시간에 만나기로 약속하였다. 그 날 밤 그들은 몰래 약속된 시간에 아마라를 방문하였다. 한 사람이 들어와 만나는 사이 다른 사람이 오게 되어 있어 숨겨주는 척 하면서 차례로 한 사람씩 광주리 안에 가두었다.

마지막으로 이웃인 하란야 굽타가 그녀의 집에 찾아와 응큼한 마음을 품었음을 고백하였다. 그래서 아마라는 그를 광주리에 가두지 않고 집으로 돌려보냈다. 이튿날 아침 아마라는 광주리를 들고 왕 앞에 나아가 모든 이야기를 아뢰고 세 사람이 들어있는 광주리를 그 증거로 제시하였다.

이 이야기는 부처님 되기 전에 시드 하드라의 여성적인 면을 다룬 것이라는 설과, 그의 부인 아쇼다의 전생 이야기라는 설이 있다.

아마라 본생도

⑨ 마하우마가 본생도(Maha-Umaga Jakata)

　이 이야기는 전생에 부처님께서 현명한 재판관이었던 것을 말해주고 있다. 어느 날 두 여인이 한 아이를 놓고 서로 자기 아이라고 주장하며 판결을 내려 달라고 법정에 왔다. 아주 어려운 재판이기에 재판관 역시 고심을 하지 않을 수 없었다. 오랜 고민 끝에 재판관은 두 여인 사이에 선을 긋고 아이를 잡아당겨 빼앗는 자가 아이를 갖기로 하였다.

　그러나 어머니로 변장한 귀녀는 힘껏 아이를 잡아당겼고 친어머니는 아이가 아파서 우는 것을 보고 손을 놓고 그저 바라만 보고 있었다. 이에 재판관은 친어머니에게 아이를 돌려주고 귀녀를 벌주었다.

마하우마가 본생도

불전도(佛傳圖)

불전도(佛傳圖) 目次

불전도(佛傳圖)

1.『 도솔천의 석가보살 』

석존은 지상으로 하생하기 전 도솔천에서 수행. 하생의 태자되어 내려올 장소와 시간을 천신들과 상담하였다(중앙에 보살, 좌우 보살).
일본 개인소장.

2.『 탁태영몽 』

수태고지로 식존은 도솔천에서 흰 코끼
리 모습으로 하생. 마야부인은 머리를
좌로 하여 누워 있다.
라호르박물관.

3. 『 봉헌탑 』
로얌 탕가리 출토.
캘커타박물관.

4. 『 봉헌탑도 』

상. 탁태영몽(占夢).
중. 귀성(歸城) 점상(占相).
하. 이별 출성(出城).
캘커타박물관.

5.『탄생』

석존의 탄생. 마야부인이 오른발로 땅을 지탱하고 나무를 잡고 있다. 미국 예술갤러리.

6.『7보행(七步行)』

태자는 태어나 바로 일곱 발자국을 걷고 천상천하유아독존(天上天下唯我獨尊)을 외침.
미국 시카고예술원.

7. 『 관수(灌水) 』
태자의 온몸을 냉온수로
정화. 일본 개인소장.

8. 『 태자의 귀성(歸城) 』
룸비니에서 마야부인에게
안겨 부왕(父王)에게로 돌
아오는 모습.

9. 『 태자의 귀성(歸城) 』
마중나온 가마와 신들.

64

10. 『 점상(占相) 』

태자의 귀성 후 수도다나왕이 아시다 성인을 불러서 점치게 함. 런던 스핑크씨 소장.

11. 『 탄생의 축하연 』

점친 후 왕은 기뻐서 축하연을 연다. 일본 개인소장.

12.『 태자의 귀성 』
(오른쪽)과 수도다나 왕이 궁전 참배. 런던 세리어 소장.

13.『 통학(通學 』
7살 된 태자가 양을 타고 통학.
런던 세리어 소장.

14.『 경기(競技) 』
씨름, 마술, 활쏘기 등. 유럽 개인소장.

15.『 태자비 고르기(妃選澤) 』
혼약. 무술대회에서 승리한 태자는 야쇼 다를 비로 맞이하게 된다. 라호르박물관.

16.『 태자비 고르기(妃選澤) 』
부트카라 유적이 있는 혼약.
라호르박물관.

17.『 혼약 』

라호르박물관.

18.『 선보기 』

라호르박물관.

19.『 결혼의식 』

라호르박물관

68

20. 『궁정생활 』

상하 2단으로 상단이 향연, 하단이 향연 후. 미국 시애틀 예술박물관.

21. 『수하관경(水下觀耕) 』

라호르박물관.

22. 『 수하관경의 석가보살 』
　　　페샤와르박물관.

23. 『 사문출유 』
　　　일본 개인소장.

24. 『 출가결의 』
일본 개인소장.

25. 『 출성(出城) 』
규메미술관.

26. 『 고행 』
일본개인소장.

27. 『 범천권유 』
일본 개인소장.

28.『 출성(出城) 』
　　　　유럽.

29.『 마부와 애마와의 이별 』
　　　　일본 개인소장.

73

30. 『 의복교환 』
벨기에.

31. 『 불발공양(佛髮供養) 』
온타리오.

32. 『 부트카라 유적 』

74

33. 『 마부와 애마의 귀성 』
라호르박물관.

34. 『 마부와 애마의 귀성 』
일본.

35. 『 선인(仙人) 방문 』
페샤와르박물관.

36.『 빔비사라 왕과의 만남 』
캘커타박물관.

37.『 수자타의 우유죽공양 』
런던.

38. 『 카리카 용왕부처 방문 』

석가태자를 만난 나가 카리카(물의 귀신)가 태자의 성불을 예언하다. 라호르박물관.

39. 『 풀을 베는 이의 보시 』

라호르박물관.

40.『 보리좌의 준비와
　　마라의 유혹 』
　　런던.

41.『 사천왕 봉발(奉鉢) 』
　　라호르박물관.

42. 『 범천권유 』

유럽.

43. 『 탁티바히 사원 』

44. 『 다섯 비구와의 재회 』
유럽.

45. 『 초전법륜 』
셉프레예술관.

46.『 석가족 삼보예배 』
캘커타박물관.

47.『 화신당독용(火神堂毒龍)의 조복(調伏) 』
일본 개인소장.

48.『 흑룡의 퇴치 』

생전에 큰 재산을 모은 한 장자가 보물을 땅에 묻고 죽었는데, 죽어서도 이 보물을 지키기 위해 뱀이 되어 사람들을 괴롭히자 빔비사라 왕이 석존에게 부탁하여 이 뱀을 퇴치했다. 라호르박물관.

49.『 석존의 귀향 』

석존이 왕사성을 방문하다. 캘커타미술관.

50.『 난다의 출가 』
상. 탈출을 방해받는 난다.
하. 난다의 제발식(剃髮式).
페샤와르박물관.

51.『 기원정사의 기증(寄贈) 』
페샤와르박물관.

52. 『 제석굴 설법 』

53. 『 에라 빠트라 용왕의 방불 』

아득한 옛날 가섭불(과거불)의 시대에 용왕이 부처의 명령을 어기고 에란(伊蘭)의 나무를 부러뜨린다. 그 때문에 용왕은 흉측한 뱀의 모습으로 변했다. 이러한 용왕은 석가모니불이 나타나 설법을 들을 때까지 그 얼굴을 지니게 된다는 가섭불의 선고를 받았으나 후에 석가모니 부처의 법을 듣게 된다.

54.『 아다비카의 귀의 』

숲에 사는 아다비카는 매일 사람을 한 명씩 잡
아먹었는데, 결국 왕이 자기의 아들까지 바치
게 되었다. 왕은 석존을 만나 아다비카를 교화
하고 귀의시키고 왕은 아들을 구하게 된다.

55.『 원숭이의 꿀보시 』

원숭이가 아난에게서 발우를 빌려 나무에 올라
가 꿀을 담아 석존에게 바친다. 석존이 제자들
과 맛있게 먹는 것을 보고 좋아서 뛰어다니다
구멍에 빠져 죽는다. 그 선행으로 원숭이는 바
라문의 집에 태어난다. 라호르박물관.

56.『 유아의 모래 보시 』

석본이 죽림정사에 머물고 계실 때 하루는 라자그리하로 탁발을 나갔는데, 개울에서 모래를 가지고 놀고 있는 아이들을 만났다. 그 때 한 아이가 모래를 석존의 발에 넣으면서 밀을 보시한다고 하였다. 석존은 그 아이에게 수기하기를, "그대는 후에 아쇼카 왕으로 태어날 것이다" 라고 하였다. 런던 개인소장.

57.『 부처님의 큰 몸을 재다 』

한 바라문 청년이 부처님의 키가 16척이라는 말을 듣고 키를 재어보기 위해 대나무 장대를 가지고 가서 키를 재었으나 그 때 마다 부처님의 키가 자라 장대로는 잴 수가 없게 되었다. 이에 크게 놀란 청년은 장대를 버리고 갔으나 청년이 버리고 간 장대가 그 자리에 뿌리를 내리고 자랐다. 라호르박물관.

58.『 흰 개의 인연 』

코살라국에 계실 때 석존은 도리아
의 아들 슈카의 집을 방문하였다.
그 때 그 집에 있던 흰 개가 석존을
보고 짖어댔다. 석존은 그 개가 전
생에 욕심을 내고 부를 축적해서 개
로 태어났기 때문에 짖어댄다고 야
단을 쳤다. 아들이 개를 야단친다고
항의하자 석존은 그 개가 전생에 너
의 아버지였다고 말하고, 아버지가
전생에 숨겨놓은 보물을 파내서 보
여준다.

라호르박물관.

59.『 불에서 구출받은 죠디슈카 』

라자그리하의 스바드라라는 자이나
교도가 있었다. 석존이 이 이교도의
집에 탁발을 가자 그는 석존에게 부
인이 임신을 했는데 남아가 태어날
것인가를 물었고, 석존이 그렇다고
하자 대단히 기뻐하였다. 이에 다
른 자이나 교도들이 석존을 질투하
며 그 태어날 아이는 흉악한 아이가
될 것이라 말하고 낙태할 것을 종용
하였다. 그리고 출산 직전에 산모를
죽이고 시체는 화장하였지만 석존
의 힘으로 남자 아이는 태어나 후에
빔비사라 왕이 이 아이를 기른다.

라호르박물관.

60. 『 스리그프트라의 초대 』

라자그리히에 사는 스리그프트라의
부인은 불교도였다. 그러나 남편의
스승이 자이나 교도인데, 하루는 이
스승이 자신의 집을 방문했을 때 출
입문 문턱에 기름을 발라놓아 들어
오다 미끄러져 목뼈를 다쳤다. 화가
난 자이나 교도는 복수심에 불타 자
신의 집 앞에 구덩이를 파고 석존이
들어오다 빠지도록 하고는 구덩이에
불을 붙인다. 그러나 석존이 그 구덩
이를 밟자 구덩이에서 연꽃이 솟아
난다.

라호르박물관.

61. 『 천불화현(千佛化現) 』

62. 『 불설법도 』

라호르박물관.

63. 『 불삼존상 』

페샤와르박물관.

64. 『 33천에서 설법 』
라호르박물관.

65. 『 33천에서 강하 』
빅토리아박물관.

66. 『 제바달다의 반역 』

미국 개인소장.

67. 『 우다야나 왕의 조상(造像) 』

페샤와르박물관.

68.『 16명의 바라문 방불 』

바라문 교주 바바리안이 16명의
제자를 데리고 석존에게 와서 많
은 질문을 한다. 이어서 석존에게
감탄하여 3보에 귀의한다.

빅토리아박물관.

69.『 아바다라 용왕의 귀의 』

간다라 북방 슈바베아스(스와트)
의 강 수원지역에 반은 인간이고
반은 뱀인 나가 아바다라(용왕)가
강을 범람케 하여 먹고 살았다. 그
때문에 괴로움을 받고 있는 농민
을 구하기 위해 나가를 개심하게
한다.

페샤와르박물관.

70. 『 죽은 여인이 애를 낳는 이야기 』

여러 왕비를 지닌 어느 왕의 젊은 왕비가 임신하자 다른 왕비들이 이를 질투하여 태어난 아이가 장차 나
라를 망칠 것이라 소문을 퍼뜨린다. 왕은 어린 왕비를 산 채로 매장하였다. 그러나 왕비와 태아의 전생
공덕으로 어머니는 죽지만 아이는 무사히 태어난다. 후에 석존을 만나 출가한다. 일본 개인소장.

71. 『 마갈리카의 신청 』

부처를 존경하는 마갈리카가 자기의 아름다운 딸을 석존에게 제공하려 하자 이를 거부한다. 사리바로르(1907).

93

72. 『 앙굴리말라의 회개 』

샤리에, 런던.

73. 『 망고정원의 기진 』

4투 석존의 입멸.

스핑크, 런던.

74.『 제바달다의 회개와 열반 』

일본 개인소장.

75.『 납관 』

일본 개인소장.

95

76. 『열반』
캘커타박물관.

77. 『열반』
캘커타박물관.

96

78.『 사리분배 』

페샤와르박물관.

79.『 사리분배 』

페샤와르박물관.

80.『 불탑예배 』

일본 개인소장.

81.『 보살 입상 』

페샤와르박물관.

82.『 도솔천의 미륵보살 』

유럽.

83.『 도솔천의 미륵보살 』

유럽.

84.『 관음보살 입상 』

페샤와르박물관.

85.『 붓다 입상 』

카라치박물관.

86.『 붓다 입상 』

카라치박물관.

87.『 붓다 두부 』

일본 개인소장.

88.『 붓다 두부 』

일본 개인소장.

89. 『 붓다 좌상 』

일본 개인소장.

90. 『 붓다와 공양자 』

규메미술관.

91.『 붓다 군상(群像) 』

92.『 붓다상과 과거 7불 』

빅토리아박물관.

93. 『 공양자 두부 』
　　　왼쪽 위.
　　　오른쪽 위.
　　　왼쪽 아래.

94. 『 보살 두부 』
　　　오른쪽 아래.

95. 『 하리티와 판치카 』
　　　대영박물관.

96. 『 여신상 』

왼쪽부터 아테나신, 풍요의 여신, 여신, 풍요의 여신.

97. 『 아틀란티스 』

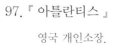

영국 개인소장.

98. 『 아틀란티스 』

영국 개인소장.

99. 『 박카스신의 주연 』

일본.

100. 『 박카스신의 주연 』

일본.

101. 『 박카스신의 주연 』

일본.

부처님과 관련된 성지들

부처님과 관련된 성지들

석존강탄의 마카스톤.
석존이 태어난 장소로 갓난애기 발 모양이 새겨졌다.

네팔 테이라코트 카비라성 동문 유적

석가모니 부모의 스투파

우유죽 만드는 통

사르나트의 불교유적

기원정사(제다와나-라-마)

열반상에 예배를 드리는 스마나장로

부처님께 마지막 공양을 한 춘다가 살았던 마을

벳사지의 불교유적

나란다대학 경내 사리붓다탑과 보리수　　　　석가탄생 - 천상천하유아독존　　　　룸비니의 아쇼카왕 석주

석가모니가 최후로 설법했던 영취산　　　해질 무렵의 다메크 스투파.　　　　간다그티(향단 香壇) 입구의 스투파.
　　　　　　　　　　　　　석존이 실제로 계셨던 장소로 사람이 밟고 지나가지　　순례자가 지나가며 금박을 붙이고 간다.
　　　　　　　　　　　　　못하게 위에 만든 것이 스투파이다.

간다그티에 바치는 꽃

부처님의 입멸

라자가하에 이르는 마가다국 국경의 남문(南門)

산갓사의 스투파.
석존이 도솔천에서 돌아올 때 내린 곳.

나란다 대학 밑의 스투파

대장간 첸다가 공양한 곳.
공양한 음식을 들고 석가가 사망하였다.

110

빔비사라왕의 감옥이 있었던 터

다메크 스투파 벽면의 아름다운 조각

5비구와 함께 석존의 설법을 들었던 사슴이 많은 사르나트의 숲(녹사원)

죽림정사의 목욕터(승원이 발굴되고 그 밑의 연못이 발굴되었다.)

연꽃 위에 탁발을 엎어놓은 모양으로 된 인도 최대의 스투파

차비총 자마팔 스투파

니르바나 스투파.
인도불교의 전성기에 수많은 스님이 여기서 수행하였다.

아난다 스투파와 베사리의 아쇼카 석주(石柱)

영취산에서 만들어진 타르쵸(티벳불교의 깃발)

가치 구티스투파. 기원정사 근처 사위성에 있다.

나란다 대학의 유적.
12세기에 만들어진 세계에서 가장 오래된 대학.
불교뿐 아니라 화학, 물리학, 천문학, 의학, 문학을 가르친 종합대학.
저자는 여기서 혜초의 유물을 보다.

레지크 스투파.
1957년 베사리에서 발굴된 이 스투파는 석존의 입멸 후 나누어진 유골(사리)을
리차비 족이 받았다고 전해져 불교계가 시끄러웠다.

112

스자타 여인의 스투파.
스자타 여인이 불법을 열심히 믿고 죽은 후 거주지에 스투파가 생겼다.

사르나트에 있었던 수많은 절과 승원.
12세기에 이슬람 교도가 파괴함.

스자타 여인의 모습(스자타 마을)

113

설법담적. 부처님이 설법하던 곳.

크시나라 중심에 있는 대열반당

영취산에서 제바달다가 바위를 굴림.

영취산의 해뜰 무렵

인도 비프라와 유적과 대 스투파.
맑은 날에는 여기서 히말라야 산이 보인다.

석존이 죽림정사를 나와 수행자들과 영취산에 올라 바위 위나 동굴에서 명상함.

오라쟈르의 스투파

대열반당의 불(크시나라)

마타우르 사랑. 석존이 크시나라에 들기 전 마지막으로 묵은 곳.

간다라 미술과 불상 보는 법

간다라 미술과 불상 보는 법

1. 간다라 미술의 기원

1) 쌍두의 독수리탑(시르캅)

인도 초기 불교미술은 스투파 신앙과 더불어 발전하였다. 석가의 죽음은 일반 민중의 죽음과는 달리 윤회전생의 세계를 초탈한 '영원한 세계'의 실현이었다. 한편 스투파는 성수신앙과 밀접하게 연결되었다.

시르캅

반면 간다라의 건조지대에서는 성수신앙은 발달되지 아니하였다. 인도보다는 더 현실적으로 영혼의 구제 관념이 중시되었다. 불교미술이 크게 성한 쿠신족의 예술은 '화장접시'라는 원형(圓形)의 부조조각에서 그 양상을 볼 수 있고, 이는 쿠산족의 불교미술 속에 '장식'으로 뿌리깊게 살아남았다.

쌍두 독수리탑

스투파를 둘러 싼 건조물이나 문틀에 부조조각을 붙인 가장 오랜 것은 기원전 5세기 말에서 기원 1세기에 인도의 산치나 파르파르에서 제작된 것이다. 반면 간다라 지방에서 오늘날 확인되는 가장 오래된 조각은 그보다 조금 후 탁실라의 시르캅에서 발굴된 조각물이 있다.

시르캅에서 놀랄만한 볼거리 가운데 하나이자 간다라 역사의 신비성을 간직한 대표적인 건축물로 탁시라의 시르캅 유적 중앙에 있는 "쌍두 독수리탑"이 유명하다.

중앙에 있는 것은 인도석굴사원의 차이타이를 정면의 목조건물로 재현한 것이다. 오른쪽은 인도 전통건축 양식인데 비해 왼쪽에 있는 것은 지중해 세계의 페리면도식 건축이다. 그 원류로 다른 세 가지 건축양식과 함께 스투파의 벽장식으로 혼재하고 있다.

중앙에 새겨진 차이타이 건물 위에는 쌍두 독수리가 앉아 있어

당시 지도

"쌍두 독수리탑"이라 부른다. 이것은 원래 바빌로니아나 키타이르에서 기인한 것으로 그리스 기하학에도 쓰인 것이다.

인간이 어디에서 와서 어디로 가는가를 신비적으로 조상해 놓은 이 부조는 서양학자의 큰 관심을 끌고, 프랑스의 장 콕토가 주연한 영화 '쌍두의 독수리'는 이 점에서 큰 물의를 일으켰다.

기단의 부분에 안도계의 아치 내지 이란계의 바자르가다에의 크로스 대왕의 묘에서 볼 수 있는 지붕 모양의 집이 부조되어 있다. 각 건물에는 한 마리의 새가 조각되어 있는데, 이 새 중의 하나가 머리가 둘이라 "쌍두 독수리탑"이라고 불리고 있는 것이다. 새는 이란계 민족미술에 있어 상징적 의미를 가진다.

첫째, 새는 하늘을 날으므로 하늘, 태양으로 일컫는 태양신의 상징인 것이다. 이것은 메소포타미아에서부터 이란에 온 것으로 아프가니스탄의 북부 테리아, 테네 출토의 금제 디아젬의 장식에서 많이 볼 수 있다.

둘째, 새는 가을과 겨울에 걸쳐 남쪽으로 와서 봄에 북쪽으로 가는 철새를 나타낸다. 이것은 죽은 자의 영혼이 이 세상에서 저 세상으로 간다고 생각되었다. 인도에서는 야생의 거위가 이것을 상징하고 있다.

2) 화장접시

시르캅의 출토품 가운데 후에 간다라 미술의 전개에 큰 영향을 준 것은 화장접시의 부조조각이다. 현재 120점 정도 알려져 있으며 직경 10센치에서 20센치의 동석(凍石), 천매암(千枚岩) 또는 편암 등의 석재로 조각한 것으로 대개 위의 4분의 3정도 조각하거나 전체에 조각한 둥근 석재품이다.

그곳에 나타나 있는 도면의 테마가 거의 신화적 도상 내지 고대 종교의식을 다루고 있는 점으로 보아 종교적 봉납물 또는 제사 도구라고 볼 수 있다. 제작년대는 기원전 2세기에서 기원 3세기로 쿠산조 불교미술의 융성과 더불어 갑자기 여기에 흡수되어 그 모습이 사라졌다.

시대적으로 세 그룹으로 나누어지는데, 헬레니즘의 영향이 짙은 양식, 샤카족 시대의 스키타이 계통의 동물조각, 그리고 인도와 파르티아 양식(주로 1세기)이 있다. 테마로는 향연도, 주연도(酒宴圖), 괴이한 동물 등이다. 우선 대표적 예로 인도-그리코 시대 영향이 강한 '아폴로와 다프네'를 보기로 한다.

화장접시 ①

아폴로와 다프네.
시르캅 출토. 카라치박물관.
기원전 1세기.

① 아폴로와 다프네

화장 접시에는 태양신 아폴로가 미녀 다프네의 옷을 벗기려하자 다프네가 결사적으로 이를 거부하는 모습이 새겨져 있다. 그 밑에 놓인 돌은 다프네의 아버지 강의 신을 나타내는 것으로 보기도 한다. 아버지는 딸의 간청을 들어주기 위해 그녀를 월계수로 바꾸어 놓는다. 남신이 여인을 강탈하는 장면은 그리스와 로마 신화에서 흔히 볼 수 있고, 신의 성적 능력을 찬양하는 의미가 간직되어 있다.

② 사자(死者)의 향연

사자의 향연은 보다 일반적인 도상으로 죽은 자의 향연을 보여주고 있다. 탁실라 시르캅의 인도-그리코 층에서 출토된 〈사자의 향연〉은 샤카 시대 이후의 것이다. 이 도상은 죽은 자와의 엄숙한 이별의 장면을 나타낸 것으로 조상숭배나 디오니소스 신앙과 관계가 있다. 죽은 자의 향연을 새긴 것을 꽤 많이 발견할 수 있는데, 죽은 자의 재생(再生)을 암시하는 것이다.

화장접시 ②

사자(死者)의 향연.
기원전 1세기. 시르캅 출토.
카라치박물관.

③ 현실의 인생을 즐기는 향연

화장접시에는 현실을 즐기는 향연의 모습이 그려져 있다. 간다라에서 출토된 초기미술품인 화장접시의 도상을 보면 초기에는 그리스 신과 관련된 약탈, 중기에는 현실을 즐기는 생활, 후기에는 피안의 세계로 가는 테마가 주로 그려졌으며, 초기 불교 스투파에 그 흔적을 남기고 사라졌다.

화장접시 ③

현실의 인생을 즐기는 향연.
시르캅 출토. 탁실라박물관.

④ 하마와 바다짐승을 탄 여인

바다 짐승의 등에 탄 인물은 바다를 지나 저 세상으로 간다. 이것은 피안의 세계에의 동경을 암시하는 것이다. 간다라 미술의 화장접시는 쿠산조의 불교미술 발달로 인하여 사라졌으나 그 도상(圖上) 세계는 간다라 불교미술의 방향을 결정하는 데 커다란 영향을 주었다.

화장접시 ④

하마와 바다짐승을 탄 여인.
시르캅 출토. 탁실라박물관.

2. 박트리아 및 쿠산시대의 화폐

1. 알렉산더 대왕 동화(표면)
2. 셀레쿠스 1세 동화(표면)
3. 셀레쿠스 1세 은화(이면)
4. 미스라다테스 1세 동화(표면)
5. 미스라다테스 1세 은화(표면)
6. 프라테스 4세 은화(이면)
7. 프라테스 4세 은화(표면)
8. 데메트리우스 은화(표면)
9. 안티오코스 은화(표면)
10. 아포로도토스 은화(이면)
11. 메난드로스 은화(표면)
12. 아제스 1세 동화(표면)

카니쉬카 왕은 동전에 여러나라의 신을 사용하고 이교도를 우대하여 당시의 혼란한 사회에 평화를 가져온 세계 역사상 보기 드문 위인으로 불교인의 긍지를 상징한다.

13. 헬리오스 동화(표면)

14. 쿠자라 카드피세스 동화(이면)

15. 비마 카드피세스 금화(표면)

16. 카니쉬카 1세 금화(이면)

17. 카니쉬카 1세 동화(이면)

18. 카니쉬카 1세 동화(이면)

19. 후비슈카 금화(표면)

20. 후비슈카 금화(이면)

21. 후비슈카 금화(이면)

22. 샤프르 3세 은화(표면)

23. 파프람 2세 동화(표면)

24. 에프탈 동화(표면)

3. 불상을 보는 법

1) 관음의 원류

①

②

성수. 산개. 보좌. 어느 것이나 석가의 상징. 천상에서
내려오는 석존을 맞이하는 왕과 민중.
모하마드 성지 출토. 기원전 2세기 말. 캘커타박물관.

석가여래의 협시(脇侍)로 보관(寶冠)은 태자의 것.
꽃끈을 쥐고 있는 점에서 관음의 전신(前身)을 나타
낸 것.

2) 관음의 화불(化佛)

간다라에서는 2세기에서 3세깅 걸쳐 석가보살의 보관 앞 장식에 여러가지 장식을 새겼다. 이것이 화불이 생기기 조금 전 일이다. 중심에 화심(花芯), 리본 등도 달고 있다.

①

②

간다라 출토. 관음의 화불. 3~4세기.

관음보살입상. 사리바로르 출토. 편암. 3~4세기.
페샤와르박물관.

〈관수무량경〉에는 관음의 머리 위에 화불(化佛)이 있고, 세지보살의 머리 위에는 복병이 있으므로, 이 양상(兩像)은 뚜렷이 구별할 수 있다. 아미타 여래가 관음의 화불로 사용된 것은 5세기 이후이다. 간다라에서 아미타 신앙이 싹트기는 하였으나, 아미타 신앙이 처음으로 크게 부상한 곳은 서역이다.

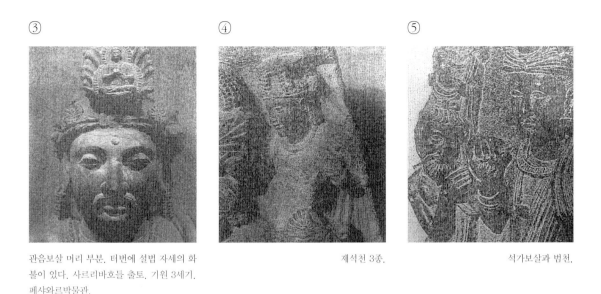

③   ④   ⑤

관음보살 머리 부분. 터번에 설법 자세의 화   제석천 3종.   석가보살과 범천.
불이 있다. 사르리바호들 출토. 기원 3세기.
페샤와르박물관.

⑥ 3여래 3보살

관음의 원류(原流)지인 간다라에서 2세기 중엽 광음이라 불리우는 보살상이 등장하기 시작하였는데, 그 근원은 아나히타 여신에서 비롯된다. 〈관음경〉이라 불리는 〈법화경 관세음보살 보문품〉 한역경전은 185년 〈성견광명 정의경(成見光明定意經)〉에 나타나 있다. (支曜記)

공양자   미륵보살   석가여래   석가보살   석가보살   석가여래   석가여래   공양자
               병을 들고있다.   꽃끈을 든 관음의 전신

3) 석가보살의 두발

관음상의 특징은 두부보관(頭部寶冠)의 앞 장식에 화불(化佛. 쇼규모의 여래상)이 새겨져 있다. 또한 관음의 이명(異名)으로 〈연화지(蓮華持)〉가 있고 연꽃 또는 꽃끈(화발. 華髮)을 손에 들고 있다. 이 관음과 석가보살은 서로 다른 인격이다.

관음 머리 위의 화불은 간다라나 인도에서는 석가여래의 경우에 한정되고, 관음의 화불이 아미타 여래의 협시가 되는 것은 아미타 신앙이 크게 일어난 서역에서이다.

과거7불과 미륵보살의 조각은 왼손에 물병을 들고있는 과거불과 미래불의 부처로서의 사상 내용이 그려져있다. 그러나 미륵은 부처 다음에 이 세상에 나타나는 부처로서 소승, 대승불교를 가리지 않고 아시아의 불교세계에는 넓게 퍼져있다. 최고의 경전 〈스타니파타〉에는 미륵이 바라문 수행자로 불제자가 된 것만이 기록되어 있다. 한편 아함경(阿舍經)이나 현우경(賢愚經)에는 미륵이 석가로부터 장래 부처가 되는 수기(授記) 예언을 받았다는 기록이 있다. 인도의 미륵신앙에는 上生信仰, 下生信仰에 관한 기록이 없고 장차 부처가 되는 보살이라는 설명만이 있다.

태자의 수하관경. 대좌에는 이른 봄의 관경식(觀耕式)이 그려져 있다. 간다라 출토. 편암. 기원 2~3세기. 페샤와르 박물관.

태자 출유(出遊) 우단(右端)의 광배(光背)가 있는 석가보살. 육계(肉髻)가 있어 여래의 모습을 하고 있지만 보살의 특징인 것은 목걸이를 통해서 알 수 있다.

4) 미륵(마이트레아)

석가의 제자 미륵(마이트레아)은 역사상 인물로 바라나시의 바라문 대신의 아들이며, '마이트레아'라 불리었다. 바라문 학자 바바리 밑에서 자라 바라문 교학을 열심히 익혔으나 석가에게 특별한 존경심을 가지고 있었다. 석가가 바라나시에 오게 되자 그 설법을 듣고 석가의 제자가 되었으나 미래불과는 아무런 관계가 없다. 그는 바라문 수행자의 모습으로 장발을 '5'자로 맺거나 머리 위에 둥근 떡 모양으로 매어 얹어 놓고 있다.

다만 쿠산조의 간다라에서만 과거 불과 병치된 미륵보살 또는 불 3존불의 협시상이나 단족의 미륵상이 나타나고 미륵신앙이 매우 성하였던 것을 알 수 있다.

①

머리를 묶어올린 형. 라호르박물관.

②

③

과거불과 미륵보살. 좌단에 물병을 든 미륵.
간다라 출토. 편암. 기원 3세기. 페샤와르박물관.

④

⑤

미륵이 가지고 있는 물병. 라호르박물관.

만피(縵被)형. 페샤와르박물관.

⑥

⑦

⑧

미륵보살 입상.
'마이트레야'라 적혀있는 물병을 들고 있다.
마투라 출토. 사암. 기원 2~3세기. 마투라박물관.

미륵보살 입상.

미륵보살 좌상. 대좌(臺座)에 병이 놓여있다.
페샤와르박물관.

128

5) 반가사유상의 흐름

간다라에서 출토된 반가사유상에는 석가가 해탈을 얻기 전의 석가보살상과 관음보살상이 있다. 석가보살과 관음보살은 도상상 공통점이 많고, 간다라에서 반가사유상의 모습으로 조각된 상이 많다.

간다라와 마투라에서 새겨진 미륵보살상은 물병을 든 〈입상〉, 〈좌상〉, 〈교각기상(交脚埼像)〉 등은 있으나 반가사유상은 없다. 중국에도 미륵보살의 반가사유상은 없다.

미륵 반가사유상의 원류는 백제와 고구려이다. 백제에서 처음으로 조상되었을 가능성이 짙고, 왕실에 의한 수용이 아니고 서민이 수용한 것 같다. 백제에 불교가 들어올 무렵 고구려와의 싸움에 시달리고 있을 때 양국에서 관음 반가사유상이 미륵 반가사유상으로 변한 것이다.

삼국의 군사조직은 부족연맹의 시대와 달라 국왕의 통솔 하에 편성되고 당시 군사조직과 관련해 귀족 청년을 중심으로 한 특수군사조직과 관련이 있다.

백제에서 관음 반가사유상이 미륵 반가사유상으로 변한 것도 당시 너무 전쟁에 시달린 백제의 백성들이 관음의 자비보다는 미륵의 지혜를 중시하고 중생의 어려움을 풀고자 하였으나 의외로 내세에 뜻을 두어 발달하지 못하고 오히려 신라에서 크게 일어났다.

고구려의 편당(扁黨)이나 특히 신라의 화랑도가 그것이다. 이것도 미성년 단체라는 공동체 유풍의 유대 하에 고구려에서 융성, 신라의 통일도 그들의 정신력으로 이루어진 것이다.

미륵불이 왕생(上生, 下生)하여 신라의 화랑이 되었다는 신라 화랑도가 나라를 지키는 신앙의 바탕이 된 것이다. 신라에서는 전사단체 안에서 화랑도라고 불렀다. 이에 신라에서는 화랑도에 대한 민중의 신뢰가 두터워지면서 미륵신앙과 연결되어 삼국통일이 성취되었다.

간다라에서 완성된 석가 반가사유상(태자상)의 도상이 화랑의 전생 모습 〈미륵보살〉로 간주되어 6세기 중엽 진흥왕(547~576)때 크게 일어났고, 이 상은 584년 백제에서 일본으로 전해졌다.

(위) 석가의 출성(出城) 전야.
(아래) 출성의 결의. 간다라 자브르드 출토. 편암. 2~3세기. 카라치박물관.

석가보살 반가사유상. 스와트 출토. 사암. 2세기.
마투라박물관.

석가보살 기좌(起坐) 반가사유상.

130

④ 석가보살 반가사유상. 로마인이 아닌 간다라인 풍(風). 편암. 3~5세기.

⑤ 신라에서 일본에 전해진 미륵보살 반가사유상. 3~5세기. 편암. 죽림자(竹林子).

6) 석가여래의 4가지 모습

간다라에서 조성된 열상은 대부분이 석가상이다. 또한 석가 이전에 깨달음을 얻은 '과거7불'도 있다.

석가 태자는 어려서부터 사색에 잠기는 일이 많고 명상을 즐기며 선정에 들기도 하였다. 두 손을 겹치고 선을 하는 모습을 선정인(禪鄭引)이라 부르고, 고행을 할 때에도 이러한 자세를 하고 있었다.

설법의 모습에는 2종류가 있다. 선정인처럼 두 손을 가슴 앞에 내려놓고 손가락을 움직이며 설법하는 전법륜인(轉法輪印)과 또 하나는 포교를 위해 각지를 돌아다니며 걷는 시무외인(施無畏印)이다. 그 후 점차 설법인은 전법륜인(轉法輪印)으로, 그리고 이 전법륜인이 대일여래의 지권인(智拳印)으로 변화해간다.

석가여래 좌상(선정인).
두 손을 겹쳐 선을 하는 선정인.

131

②

설법인(說法印) 석가여래 좌상.
보리수 밑에서 깨달음을 얻은 성도의 장면. 오른손으로 땅을 치자
천둥이 울리고 석가는 깨달음을 얻는다.
2세기 후반. 페샤와르박물관.

③

촉지인(觸地印)/성도인(成道印) 석가 좌상.
항마성도 부조의 중앙 부분. 페샤와르박물관.

④

시무외인(施無畏印) 석가여래 입상. 소라 모양의 육계가 특징. 사람
들을 안심시켜 주는 시무외인(施無畏印). 사암. 2세기 전반. 마투라
박물관.

⑤

시무외인(施無畏印) 석가여래입상. 설법을 위해 각지를 드는 모습.
페샤와르박물관.

7) 석가여래의 머리형

두상속발형(頭上束髮型). 페샤와르박물관.
2세기말~5세기.

파상발형(波狀髮型). 페샤와르박물관.
2세기말~3세기말.

눌린 파상발형(波狀髮型). 페샤와르박물관.

둥근 나발(螺髮). 마루라박물관. 2세기.

나발형. 3세기 말~5세기. 페샤와르박물관.

석가여래 좌상. 탁티바히 출토. 베를린 인도박물관.

8) 보살의 장식

간다라에서 조성된 보살상은 금, 은, 귀금속 또는 보석 등으로 장식되어 있다. 쿠산조에서 귀족들이 사용한 것이다.

①

②

옷 밑의 팔 장식. 라호르박물관.　　　　　　　　　　귀고리에 사자 모양이 있다. 페샤와르박물관.

9) 광배(光背)

광배는 빛이나 광명을 상징한다. 초기에 광배는 원형으로 아무런 장식이 없었다. 간다라 조각에서는 시대가 흐름에 따라 장식이 많아지고, 머리의 광배가 전신의 광배가 되고, 광배 주위에 화염이 솟는 모습도 간다라에서 처음 조성되었다.

①

②

초기의 장식없고 단순한 원형 광배. 2세기 초. 페샤와르박물관.　　　기하학적 도형의 광배. 2세기 후반~4세기. 라홀라박물관.

③
④

보리수의 잎(심장형), 연화문양의 광배. 3~5세기. 스와트 출토.   다양한 문양이 새겨진 타원형 광배. 3~%세기. 스와트 출토.

10) 보살교각기상(菩薩交脚琦像)

　두 다리를 꼬고 의자에 앉아있는 상을 교각기상이라 한다. 교각상은 간다라에서 2세기 초에 만들어진 불전도이며 물병을 든 미륵보살상이 최초이다. 교각상으로는 미륵보살상, 석가보살, 연화수보살 등이 조상되었으며, 여래의 교각상은 찾아볼 수 없다.

①

미륵보살교각기좌상. 물병을 지니고 있다.
역삼각형의 자세. 2세기. 간다라 출토.

②

미륵보살 교각기상. 물병 곁에 원형광배(圓型光背). 간다라의 모습과 같다. 돈황 257동굴. 5세기. 북양(北涼)

135

③

④

석가보살 교각기와상. 2~3세기. 석가보살 교각상. 태자다운 터번형의 보관.
파손된 두 손은 설법인의 모습 같다.

11) 3존불상

불교미술에 있어 가장 오래된 3존상은 〈범천권유〉상이다. 대승불교가 일어나자 바로 현세이익을 바라는 숭배자의 기원대상으로 간다라 지방에서 보급되기 시작하였다. 〈범천권유〉는 다음과 같다. 깨달음을 얻은 석가가 선정삼매에 들었으나 그 내용을 남에게 설법할 생각이 없었다. 그래서 제석천에 이어서 범천이 석존을 찾아와 합장예배를 하고 여래께서 지혜의 빛으로 세상을 비춰달라고 간청한다. 결국 석가는 범천의 권유를 듣고 설법하기로 결심하고 녹야원으로 간다.

불상 삼존불. 사흐리비호로 출토. 2~3세기. 페샤와르박물관. 로마황제상도 간다라 불상조형에 영향을 주었다.
오른쪽에 긴 머리채를 올려놓은 미륵상이 서 있고. 왼쪽에 연
꽃 대신 꽃끈을 가지고 있는 상. 화불은 없지만 관세음보살로
보고있다.

12) 스투코(소조상, 塑像)

스투코는 소석회(消石灰)를 물에 담가 공기에서 탄산가스를 흡수시켜 석회암(石灰岩)으로 만드는 것이다. 간다라의 경우는 흰 돌가루를 섞어서 단단하게 만들었다. 테라코타(泥塑)는 점토로 만든 상태에서 다시 구워 만든 것으로 이 말은 라틴어에서 온 것이다.

① 불두상. 핫타의 티파칼람 출토. 스투코. 4~5세기.

② 꽃을 든 천인. 핫타의 티파칼람 출토. 스투코. 3~5세기. 구메이미술관.

③ 불두상. 핫타 출토. 스투코. 4~5세기. 빅토리아 & 알버트박물관.

④

⑤

스투코 두상. 핫타 출토. 구메이미술관.

미소짓는 천사. 프랑스 랑스대성당.

　핫타의 스투코상은 여러가지 모습을 보여주는 비구상들이다. 항마성도에 나오는 악마를 포착하여 실로 다양한 인물 표현을 나타내고 있다. 어떤 자는 고요한 마음과 기쁨을, 어떤 자는 비애와 고뇌를, 또 어떤 자는 격정과 노기 같은 얼굴표정 등 다양한 인간의 내면적 정서를 그려내고 있다. 이것이 부처와 보살을 둘러싸고 살고 있는 인간들의 얼굴이다.

　핫타의 스투코 미술에 그리스와 로마 등 서양 전통미술이 간다라 지방에 침투하여 크게 영향을 미쳤으며, 이것이 불교가 지니고 있는 종교성과 연결하여 현실세계에 몸을 두고 보는 중생을 피안의 부처세계로 이끄는 도형상이다.

　로랑드는 프랑스 성당의 천사 모습을 예로 들어 고딕 조각이 '불가에서의 절대자'의 본성을 나타내는 상징으로 성스러운 관념을 인간이 좀 더 쉽게 이해할 수 있도록 표현한 것으로 핫타의 조각과 기독교 천사의 유사성에 대하여 말하고 있다.

13) 정토불

정토도의 싹(석가의 이상의 나라). 모라마트 라리 출토. 라호르박물관.

후세에 이 정토도를 '사위성의 기적'이라 하고, 여래의 주위 사람들은 '천불화형(千佛化型)'의 기적을 찬양하는 신과 보살들이다. 약간의 여래 외에 시주, 보살들도 석가보살(태자), 관음보살, 미륵보살 등이 자유롭게 행동하고 연지(蓮池)에서 물고기가 노니는 용왕(나가, Naga)과 용녀(나기. Nagi)가 물 속에서 상반신을 올리고 여래의 설법을 듣고 있다.

보살의 슬리퍼. 페샤와르박물관.

석가보살(태자)의 보관(寶冠) 장식. 평평한 금속 귀장식과 가슴장식. 2~3세기. 페샤와르박물관.

14) 아미타불(阿彌陀佛)

쿠산조에서 발굴된 아미타여래는 2점밖에 없다. 한 점은 마트라의 고윈드 나기에서 출토된(1976) 다리 부분의 대좌(臺座) 뿐이다. 이 대좌의 정면에 〈후비시카 대왕 28년 우기(雨期) 사트바라의 손자, 부상(富商) 바라리로프의 손자, 붓다바라의 아들 나가라고시다가 일체의 부처를 공양하기 위하여 아미타불상을 건립하였다는 기록이 있다.

후비시카 대왕 때 간다라와 마투라에 아미타 신앙이 신행되고 있었음이 확인된 것이다. 이어서 100년 후 3세기 말에서 4세기의 작품이 간다라에서는 유일한 아미타 3존불로 단정할 수 있는 유물이 나왔다.

대좌에 카르시타 문자로 '붓다 미트라의 관음, 성스러운 기전(寄筌), 붓다 미트라의 아미타'라는 글이 있다.

아미타 여래 신앙과 극락정토를 추구하는 정토사상은 윤회사상을 믿는 쿠산조의 사람들이 발전시켜 서역에서 크게 번창하였다.

15) 불상 양식의 변화

기원 1세기 무렵 쿠산조에서 간다라 불상이 생겨난 후 인도에서는 동시에 마트라 불상이 인도에서 발생했다고 하지만 실은 간다라 불상보다 후에 발생한 것으로 판명되고 있다.

간다라 불상은 만들어지는 과정에서 그리스, 페르시아, 박트리아, 인도 등 다양한 문화의 교류에서 발생하였으나 마트라 불상은 인도 풍속을 바탕으로 만들어졌다. 간다라 불상은 그리스 로마 미술의 전통에 따라 여러 신들의 자태를 취하고 있는 반면 마투라의 여래상은 인도인이나 그들의 예배 대상인 약사와 흡사하고 보살상은 약시의 모습과 비슷하다.

간다라 부처의 고행상은 현실적으로 오랜 고행의 결과 몸이 극도로 쇠약한 모습이 현실적이고 우리의 마음을 사로잡는 데 비해 마트라 부처의 고행상은 인도의 전설적 인물을 그려낸 것으로 몸이 비대하여 우리에게 아무런 감동도 주지 않는다.

이 두 지역의 전혀 다른 양식이 서로 영향을 주는 과도기를 거쳐 굽타 시대인 기원 4~5세기에 두 양식이 조화를 이루는 이상적인 불상 양식이 탄생하였다. 이를 이른 바 굽타 불상이라고 부르는데, 이 굽타 불상의 머리카락은 두 지역의 것이 혼합되어 우렁 모양으로 말린 나발로 변화하였으며, 옷은 쿠산조의 마투라 불상 양식을 따라 신체의 굴곡을 그대로 드러내었고 얼굴의 이목구비 또한 마투라 불상과 유사하지만 간다라 불상의 표정처럼 깊은 명상에 잠긴 듯 눈을 반쯤 감고 있다.

간다라 불상   마투라 불상

간다라 불입상   마투라 불상   굽타 시대 불입상

141

16) 미륵 · 석가 · 관음보살

관음보살이 처음 만들어진 것은 쿠산조(1세기 초~3세기) 간다라이다. 불타상을 중심으로 양협시로 관음 미륵의 3존상이 20점 발견되고 단독상으로 관음의 입상, 좌상이 있다. 간다라의 보살상에는 석가보살 미륵보살 관음보살이 있으나 모두 상반신이 나형(裸形)으로 귀걸이, 목걸이, 머리 장식, 가슴 장식의 장신구를 다 달고있고 천의(天衣)를 어깨에서 팔에 걸고 하반신에 허리띠를 매고 있다.

미륵보살   석가보살   관세음보살

Gandhāran Buddha Art

간다라 불교미술

印 刷 日 | 2014년 4월 30일

發 行 日 | 2014년 5월 10일

發 行 人 | 한 동 국

共 著 者 | 민 희 식 · 활안 한 정 섭

發 行 處 | 불교통신교육원

印　　刷 | 이화문화출판사
　　　　　02-738-9880(대표전화)

發 行 處 | 477-810 경기도 가평군 외서면 대성리 산 185번지

電　　話 | 031-584-0657, 02-969-2410

등록번호 | 76.10.20. 경기 제6호

I S B N | 978-89-6438-131-1

정가定價 30,000원